校企合作市政工程技术专业精品教材

互联网+教育改革新理念教材



# 市政道路工程施工与养护

主编　潘中望　牛利珍

上海交通大学出版社
SHANGHAI JIAO TONG UNIVERSITY PRESS

**内容提要**

本书共4个项目，分别是路基施工、路面施工、道路附属工程施工和道路养护。

本书可作为各类院校市政工程、土木工程及相关专业的教材，也可作为相关工程技术人员的参考用书。

**图书在版编目（CIP）数据**

市政道路工程施工与养护 / 潘中望，牛利珍主编
. -- 上海 : 上海交通大学出版社，2020（2023重印）
ISBN 978-7-313-20903-0

Ⅰ. ①市… Ⅱ. ①潘… ②牛… Ⅲ. ①市政工程－道路施工②城市道路－公路养护 Ⅳ. ①U41

中国版本图书馆CIP数据核字(2019)第025112号

市政道路工程施工与养护

SHIZHENG DAOLU GONGCHENG SHIGONG YU YANGHU

主　　编：潘中望　牛利珍

出版发行：上海交通大学出版社　　地　　址：上海市番禺路951号

邮政编码：200030　　电　　话：021-64071208

印　　制：三河市祥达印刷包装有限公司　　经　　销：全国新华书店

开　　本：787mm×1092mm　1/16　　印　　张：14.5

字　　数：275千字

版　　次：2020年3月第1版　　印　　次：2023年3月第3次印刷

书　　号：ISBN 978-7-313-20903-0

定　　价：49.90元

# 前言 PREFACE

近年来，随着我国城市化进程的加快和城市人口的逐渐增多，交通拥挤与堵塞情况日趋严重。为了缓解这种情况，我国很多城市开始大规模修建、扩建城市道路，这就需要大量的市政道路施工人才。同时，为了维护城市的美观、保证道路的安全性，也需要大量的市政道路养护人才。为了培养这些人才，我们精心编写了本书。

本书具有以下特色。

**1．素质教育，立德树人。**

本书秉承能力教育与素质教育同向同行的理念，将素质教育有机融入教学过程，将价值塑造、知识传授和能力培养三者融为一体，让学生通过“素质讲堂”模块，深入领会爱岗敬业、艰苦奋斗、勇于创新、淡泊名利、甘于奉献的时代精神。

**2．校企合作，工学结合。**

本书在编写过程中，通过学校教师和企业专家的合作，将理论和实际有机结合，使书本知识贴近企业生产实际，有助于学生工作后更快地适应工作岗位。

**3．全新理念，全新形态。**

本书采用项目任务式结构进行编写，每个任务首先通过典型案例、新颖故事或热点新闻引出，激发学生的学习兴趣；然后讲解相关知识；最后设置任务实施，使学生在实践中应用并巩固所学知识。

**4．数字资源，平台辅助。**

本书配备了相应的数字资源（如课件、教案、答案等），辅助学生进行学习，以使其掌握理论知识和操作技能。另外，读者还可以登录文旌综合教育平台“文旌课堂”（www.wenjingketang.com），下载更多教学资源包。

5．海量图片，直击现场。

南宋郑樵曾在《通志》中说：“置图于右，置书于左，索象于图，索理于书。”书中的图片往往是帮助理解文字的最好工具。本书配有海量图片，几乎每个施工步骤都配上了相应的施工图，让整个施工过程清晰地展现在学生面前，有助于学生快速理解和掌握施工的各个环节。

6．巧设模块，助力学习。

本书结合当前的教学规律，适时地设置了如“知识宝典”“头脑风暴”“经验传承”“提示”“注意”“拓展阅读”等小模块。这些模块不仅可以丰富版面，让人耳目一新，使学生避免出现视觉疲劳，提高学习效率，而且还可以丰富学生知识面，拓宽学生思维。

7．贯彻标准，知识前沿。

本书依据最新的技术标准和规范进行编写，并介绍了市政道路工程的最新施工技术和养护方法，体现了知识的前沿性。例如，书中关于沥青路面养护的技术规范严格按照《公路沥青路面养护技术规范》（JTG 5142—2019）执行。

在编写过程中，我们参考了大量文献资料，在此向这些文献的作者表示衷心的感谢。由于编者水平有限，书中难免存在疏漏与不当之处，敬请广大读者批评指正。

# 目录

CONTENTS

# 项目 1

# 路基施工

## 导读

路基是在原地面上通过挖、填、压实、砌筑而修成的构造物，它是路面的基础，其施工质量的好坏直接影响路面的质量。很多道路工程实践证明，如果路基的施工质量不符合规范，可能会导致路面破坏或沉陷。因此，在路基施工中，必须严格把控每一环节，以确保施工质量。本项目主要介绍路基施工准备工作、填方路基的施工、挖方路基的施工、路基压实、软土地基的加固施工、路基排水设施施工和防护施工。

### 知识目标

（1）了解路基施工准备工作。

（2）掌握填方路基施工和挖方路基施工的相关知识。

（3）熟悉路基压实施工的相关知识。

（4）掌握软土地基加固施工的相关知识。

（5）掌握路基排水设施施工和防护施工的相关知识。

### 技能目标

（1）能进行填方路基和挖方路基的施工。

（2）能进行软土地基的加固施工。

（3）能进行路基排水设施施工和防护施工。

### 素质目标

（1）具有深厚的爱国情感和中华民族自豪感。

（2）树立严谨、务实的学习和工作态度。

（3）树立爱岗敬业、团结协作、实事求是、认真负责的工作作风。

（4）树立遵纪守法、安全生产、文明作业的职业意识。

# 任务 1.1 路基施工准备工作

## 任务引入

甲施工单位承接了某一级公路一路段的路基施工任务，为了能高效有序地进行施工，他们进行了施工准备工作。

## 相关知识

路基施工准备工作是路基施工的基础，其好坏会直接影响整个工程的进度、质量，以及施工方的经济效益，所以必须高度重视，切实做好施工准备工作。

路基施工准备工作主要包括组织准备、物质准备、技术准备、现场准备、试验路段、编制开工报告等。

### 1.1.1 组织准备

组织准备主要包括两方面：建立施工组织机构和组建施工队伍。

#### 1. 建立施工组织机构

为保证施工有条不紊地进行，必须建立合理的施工组织机构，建立时一般应遵守以下原则。

（1）层次要少、机构要小、人员要精。

（2）领导及每个员工的职责应明确。

（3）规章制度（如岗位责任制、安全操作规程和奖惩制度等）应切实可行、行之有效，尽最大可能调动职工的积极性。

路基施工的组织机构一般为项目经理部，下设各职能部门，如图 1-1 所示。

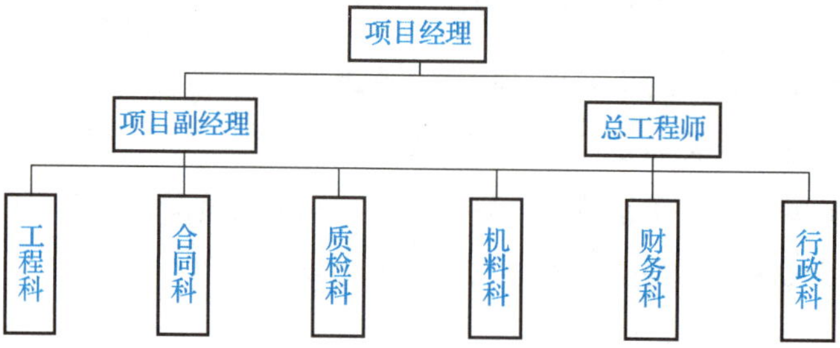


图 1-1 项目经理部机构图

### 2. 组建施工队伍

施工单位应根据所承担的工程量的大小和工期要求，安排出总进度计划网络图，并进一步估算出所有工程用工工日数、平均日出工人数、施工高峰期日出工人数，以及技术工种、机械操作工种、普通工种等用工比例，然后组建能够满足工程进度和工程要求的施工队伍。

**提　示**

施工单位应根据所承担工程的具体情况，结合施工队伍的特点及技术装备情况，对施工队伍进行适当培训，以满足工程施工的要求。

## 1.1.2　物质准备

物质准备主要包括驻地建设、施工机械准备、材料准备，以及测量、试验设备准备。

### 1. 驻地建设

路基工程施工前，施工单位应根据施工任务进行驻地建设，内容主要包括以下两方面。

（1）建设项目经理部各机构办公室、会议室、测量及试验室、职工宿舍、食堂、卫生设施等。

（2）根据工程规模，设置一个或多个预制场、搅拌站、材料库房等。

**注　意**

驻地建设应满足消防安全的要求。

### 2. 施工机械准备

路基工程施工前，施工单位应根据工程需要、工程量大小，配备适量的施工机械，并确保施工机械能正常使用、充分发挥功效。

路基施工常用的施工机械有推土机、挖掘机、装载机、自卸车、平地机、凿岩机、松土器和风动工具等，以及一些压实机械。

### 3. 材料准备

路基工程施工前，施工单位应按以下要求进行材料准备。

（1）编好材料预算，提出材料的需用量和加工计划。

（2）选择合适的路基填料及恰当的运输路线。

（3）根据施工平面图，确定材料的堆放方式等。

（4）组织材料分批进场。

（5）做好材料的加工准备工作，材料应尽可能集中加工，例如，水泥混凝土应尽量集中配料与拌和等。

#### 4. 测量、试验设备准备

路基工程施工前，施工单位应根据工程性质及工程量大小，配备相应的测量、试验设备，以满足工程测量、试验的需要。

**提 示**

工程中使用的测量、试验设备在通过计量部门标定、交通质量监督部门认证合格后方可投入使用。

### 1.1.3 技术准备

技术准备主要包括三个方面：熟悉与校核设计文件、进行图纸会审与技术交底、编制施工组织设计。

#### 1. 熟悉与校核设计文件

设计文件是工程施工的标准和依据，因此，施工人员一定要熟悉，并主要校核以下内容。

（1）校核设计计算的数据和采用的处理方法是否符合实际情况。

（2）校核实际的施工条件是否能满足设计的要求。

（3）校核图纸说明有无矛盾，规定是否明确、齐全。

（4）校核图纸主要尺寸、位置、标高有无错误。

#### 2. 进行图纸会审与技术交底

在施工人员熟悉与校核设计文件后，建设单位负责人应召集设计、施工、监理、科研人员参加图纸会审会议。在会议上，设计人员应向施工方作图纸交底，讲清楚设计意图和对施工的主要要求，施工人员可以提出质询和建议。最后，设计单位根据施工人员提出的合理化建议，按程序进行变更设计或作补充设计。

#### 3. 编制施工组织设计

施工单位应根据核实的具体情况，编制切实可行的施工组织设计，内容主要包括确定施工方案、编制施工进度计划、拟定关键的技术措施等，并报监理工程师审批。

### 1.1.4　现场准备

在路基工程施工前，应重点做好以下几方面的现场准备工作。

#### 1. 施工复测

线路勘测到施工进场一般要经过一段时间，在此期间，勘测阶段设置的标志可能会有部分散失或发生移动。因此，在施工前，施工单位应按照设计图表对线路进行复测。

施工复测内容主要包括：导线、中线、水准点的复测，横断面的检查与补测，增设必要的水准点等。

#### 2. 路基放样

在路基施工前，应用木桩标定出路基的几何轮廓，此过程即为路基放样。

#### 3. 清理场地

路基施工前，应清理施工现场内所有阻碍施工或影响施工质量的障碍物，具体内容主要包括以下几方面。

（1）路基用地范围内的既有房屋、道路、河沟、通信设施、电力设施、上下水道、坟墓等，均应拆除或改造。

（2）路基附近的危险建筑应予以加固，文物古迹应按相关规定进行保护。

（3）路基用地范围内的树木等应在施工前砍伐或移植清理，砍伐的树木应移至路基用地以外，进行妥善处理。

**知识宝典**

> 对于高级公路、一级公路和路基填土高度小于 1 m 的其他公路，应将路基范围内的树根全部挖除，并将坑穴填平夯实；对于路基填土高度大于 1 m 的其他公路，允许保留路基范围内的树根，但露出地面的树根高度不得超过 20 cm；采用机械化施工的路堑及取土坑范围内的树根应全部挖除。

#### 4. 修建临时设施

为了满足施工需要，应在路基施工前修建临时设施，主要包括临时供电设施、临时供水设施、临时交通道路、临时通信线路和施工用房等。

提 示

临时设施只需要在施工期内满足施工要求即可，因此在确保安全、满足使用的前提下，应力求简化。

### 1.1.5 试验路段

某些道路的路基需要在正式施工前选择其中一段进行试验，通过试验来确定最佳的施工工艺、最优的机械组合、压实不同填料时的最佳含水量、适宜的松铺厚度及相应的碾压方式、碾压遍数等。

#### 1. 进行路段试验的情况

需要进行路段试验的路基主要有以下几种。

（1）二级及二级以上公路路堤。

（2）填石路堤、土石路堤。

（3）特殊地段路堤。

（4）特殊填料路堤。

（5）采用新技术、新工艺、新设备、新材料进行施工的路基。

#### 2. 试验路段的选择

试验路段应选择在具有代表性的地段，长度一般不宜小于 100 m。

#### 3. 试验路段总结报告

在进行路段试验时，要对有关指标进行检测，完工后及时编写试验路段总结报告，上报监理工程师审批。

### 1.1.6 编制开工报告

以上各项工作准备就绪后，即可编制工程开工的申请报告，并报监理工程师审批。在监理工程师同意、签发开工令后，施工单位即可正式开工。

## 任务实施

（1）将全班学生分成若干组，每组 4～5 人，并选出小组负责人。

（2）小组负责人带领组员温习路基施工准备工作的相关知识。

（3）老师组织所有小组进行知识竞赛，即老师提出与本任务内容相关的问题，如“建立施工组织机构时，需要遵守哪些原则”等，小组进行抢答。

（4）竞赛结束后，老师按表 1-1 给各小组进行打分。

表 1-1　活动评价表

| 评分标准 | 满分 | 实际得分 | 备注 |
|---|---|---|---|
| 积极参与活动 | 20 | | |
| 抢答内容正确 | 40 | | |
| 表述流畅 | 20 | | |
| 其他 | 20 | | |
| 总分 | 100 | | |

# 任务 1.2　填方路基的施工

## 任务引入

已知某平原地区修筑高速公路，路基属于填方路基，平均高度约为 3 m，采用普通土填筑。请同学们学完本任务后，写出该路基施工的大致流程。

## 相关知识

如图 1-2 所示，填方路基也称为路堤，它高于原地面，一般是选用当地的土、石作填料，按照一定的施工方法在原地面填筑而成的。

图 1-2　路　堤

### 1.2.1　填筑前的基底处理

基底是指填料与原地面接触的部分。在路堤填筑前，要进行基底处理，使得填料和原地面土紧密结合，以免路堤沿基底滑动，或因草皮、树根腐烂而沉陷等。基底处理一般包含以下几个方面。

（1）路堤填筑范围内的树木、草丛等要进行清理，并在清理后按规定进行平整压实。

（2）对于原地面的坑洞、裂缝等，应用原地的土回填，并按规定进行压实。

（3）如果原地面土的强度不符合要求，则应进行换填，换填深度应不小于 30 cm，并且要分层压实到符合规定的压实度。

（4）路堤如果经过耕地，则应清除有机土、种植土，并平整压实；如果经过水田、池塘等，则应根据具体情况采取措施，如排水疏干、挖除淤泥等，以保证基底的稳固。

（5）如果基底为坡面，则应视具体的坡度情况而采取相应的措施。当坡度较小，在 1∶10 至 1∶5 之间时，只需在清除坡面上的树根、杂草等杂物后，将翻松的表层压实即可；当坡度较大，在 1∶5 至 1∶2.5 之间时，应将坡面做成台阶形，如图 1-3 所示；当坡度超过 1∶2.5 时，则应采用修护墙、护脚等措施进行特殊处理。

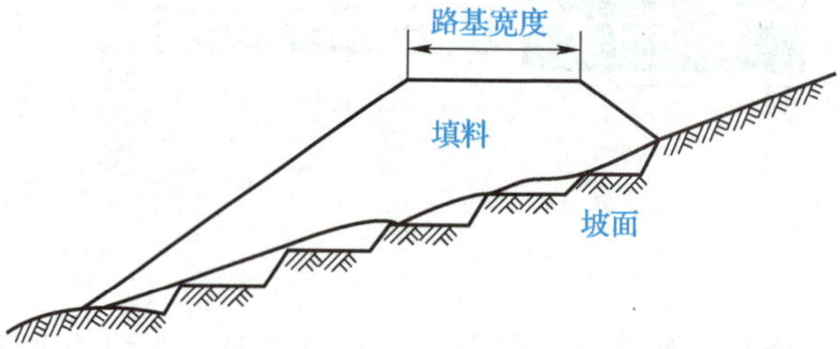


图 1-3　台阶形基底

## 1.2.2　填料的选择

### 1. 选择流程

填方路基填料的选择流程一般为：确定料源→取样试验→改良填料。

- **确定料源：**根据设计文件，并结合现场调查情况，确定填料的来源地点。
- **取样试验：**确定料源后，应及时取样进行试验，以检测其含水率、液限、塑限等，必要时应检测其有机质含量、易溶盐含量等，从而判断填料的可用性。
- **改良填料：**试验后，如果填料不符合要求，则应进行改良。例如，当含水率过高或过低时，可通过晾晒或洒水的方式进行改良。

### 2. 注意事项

（1）填料应具有良好的级配和一定的黏结力，并易于压实，不会受水浸软化和冻害影响等。

（2）严禁选含草皮、生活垃圾、树根、腐殖质的土作填料。

（3）淤泥土、强膨胀土、有机质土等稳定性较差的土不宜作为路基填料，如果必须采用，则应采取技术措施进行处理，满足设计要求后方可使用。

（4）透水性良好的石块、碎（砾）石土、粗砂、中砂，湿度未超过设计规定极限值的亚砂土、轻黏土和黏土等，均可用作路堤填料。

（5）膨胀岩石、易溶性岩石不宜直接用作路堤填料；强风化石料、崩解性岩石和盐化岩石不得直接用作路堤填料。

（6）石路堤所用的石料强度一般不应小于 15 MPa，最大粒径不宜大于压实层厚的 2/3。

（7）土石路堤所用混合填料中的石料强度大于 20 MPa 时，石料的最大粒径不得大于压实层厚的 2/3，否则应予以剔除。

**提　示**

填料一般就地取材，如果当地的填料不符合要求，可以从远处运输。当远处运输不经济时，可以对当地不符合要求的填料进行适当处理。

### 1.2.3　填筑方式

路堤填筑方式一般有纵向分层填筑、横向全高填筑和联合填筑三种。

#### 1. 纵向分层填筑

纵向分层填筑是路堤常用的填筑方式，它是指沿道路纵向分层填筑，分为水平分层填筑和纵坡分层填筑两种。

- **水平分层填筑：**是指按照横断面全宽进行水平分层，逐层向上填筑，每填一层都要进行压实，压实度符合要求后方可填筑上一层，如图 1-4（a）所示。该方式具有施工简单、安全、压实质量易保证等优点，是最常见的填筑方式。
- **纵坡分层填筑：**是指按纵坡方向逐层推土填筑，适用于推土机或铲运机从路堑取土填筑运距较短的路堤，如图 1-4（b）所示。当原地面纵坡大于 12%时，宜采用该填筑方式。

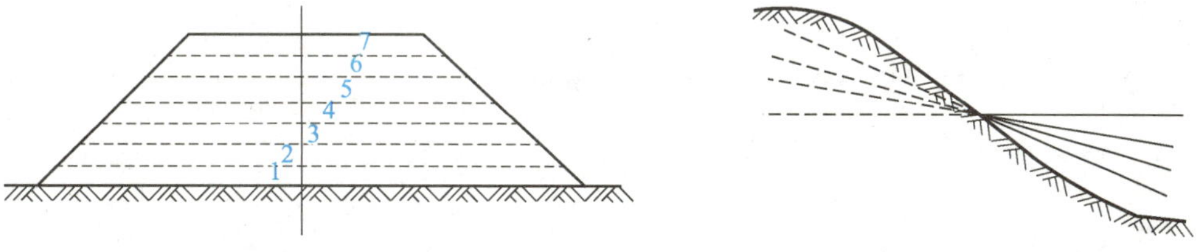


（a）　　　　　　　　　　（b）

（a）水平分层填筑　（b）纵坡分层填筑

图 1-4　纵向分层填筑

#### 2. 横向全高填筑

横向全高填筑是指从路基一端或两端同时按各横断面全高，逐步推进填筑，如图 1-5

所示。该方式适用于无法自下而上填筑的深谷、陡坡、断岩或运土机械无法进场的泥沼地区。

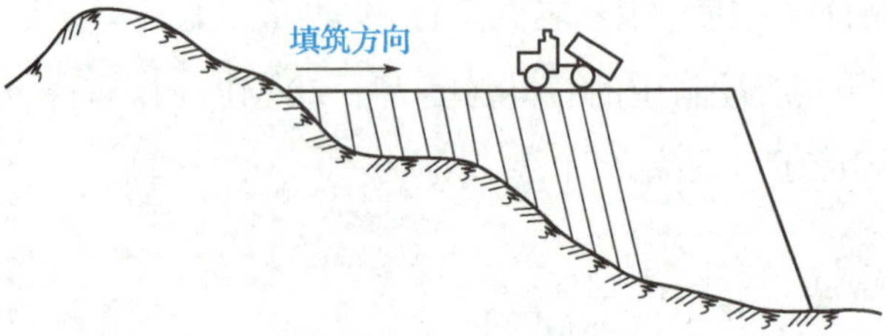


图 1-5　横向全高填筑

**注　意**

横向全高填筑的缺点是不易压实、沉陷不均匀，填筑时应尽可能选用高效能的压实机具（如振动压路机），并选用沉陷量较小的砂性土作填料。

### 3. 联合填筑

联合填筑是指路堤下部采用横向全高填筑，路堤上部采用水平分层填筑，如图 1-6 所示。一般，当道路穿过深谷、陡坡且对路基上部的压实度要求较高时，可以采用这种填筑方式。

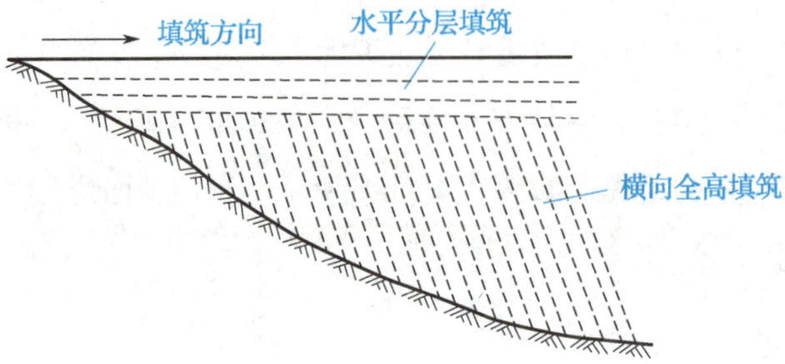


图 1-6　联合填筑

## 1.2.4　填筑施工

### 1. 土路堤的填筑施工

土路堤的填筑施工流程一般为：施工准备→基底处理→分层填筑→摊铺平整→洒水晾晒→碾压夯实→检查验收→路基修整。

在进行土路堤的填筑施工时，应注意以下几点。

（1）土路堤一般宜采用纵向分层填筑的方式，从最低处起分层填筑，逐层压实。为确保压实度，每层填土的松铺厚度应通过试验确定。

（2）每层填土压实后的宽度不得小于设计宽度。

（3）当土路堤填筑分几个作业段施工时，如果两段交接处不在同一时间填筑，则应对先填筑地段按 1∶1 坡度分层留台阶；如果两个地段同时作业，则应分层相互交叠衔接，搭接长度不得小于 2 m。

（4）采用不同性质的土进行混合填筑时，应注意以下几点。

- 同一填筑层应采取同一种性质的填土，不得混合填筑。
- 对潮湿或冻融敏感性小的土应填筑在路基上层，对强度较小的土应填筑在下层。
- 透水性较差的土填筑于路堤下层时，应做成坡度为 4%的双向横坡；填筑于路堤上层时，不应覆盖在透水性较好的土层上。

### 2. 石路堤的填筑施工

石路堤的填筑施工流程一般为：施工准备→边坡码砌→填料装运→石料破碎→摊铺平整→碾压成形→检查验收→路基修整。

在进行石路堤的填筑施工时，应注意以下几点。

（1）对于高速公路、一级公路和铺设高级路面的其他等级公路，石路堤应采用纵向分层填筑的方式，并分层压实；对于二级及二级以下且铺设低级路面的公路，石路堤的陡峭山坡段可采用联合填筑的方式。

（2）为了便于施工和达到设计要求的压实度，填石分层松铺厚度不宜过大，高速公路及一级公路不宜大于 0.5 m，其他等级公路不宜大于 1.0 m。

（3）高速公路及一级公路石路堤的路床顶面以下 50 cm 范围内，应填筑符合路床要求的土料，并分层压实，土料的最大粒径不得大于 10 cm；其他等级公路石路堤的路床顶面以下 30 cm 范围内，应填筑符合路床要求的土料，并分层压实，土料的最大粒径不得大于 15 cm。

（4）当石块级配较差、粒径较大、填层较厚、石块间的空隙较大时，可以在每层表面的空隙中填入石渣、石屑、中砂、粗砂，以保证密实度。

（5）当人工铺填粒径为 25 cm 以上的石块时，应先铺填粒径较大的石块，然后再用小石块找平，石屑塞缝，最后压实；当人工铺填粒径为 25 cm 以下的石料时，可直接分层摊铺、分层压实。

### 3. 土石路堤的填筑施工

土石路堤的填筑施工流程一般为：施工准备→填料运输→填料倾倒→推土机整平→碾压成形→检查验收→路基修整。

在进行土石路堤的填筑施工时，应注意以下几点。

（1）土石路堤不得采用横向全高填筑的方式，而应采用纵向分层填筑的方式，并分层压实。每层铺填厚度应根据压实机械类型、规格和性能确定，一般不宜大于 40 cm。

（2）在土石混合填料中，当石料含量大于 70%时，应先铺填大块石料，且大面向下，放置平稳，再用小块石料、石渣或石屑找平，最后再填土并压实；当石料含量小于 70%时，土石可混合铺填，但应避免硬质石块集中。

（3）高速公路及一级公路土石路堤的路床顶面以下 30～50 cm 范围内，应填筑符合要求的土料，并分层压实，土料最大粒径不得大于 10 cm；其他等级公路土石路堤的路床顶面以下 30 cm 范围内，一般填筑砂类土，并分层压实，砂类土最大粒径不大于 15 cm。

### 4. 高填方路堤的填筑施工

高填方路堤是指在水稻田或常年积水地带，用细粒土填筑高度在 6 m 以上的路堤，以及在其他地带，填土或填石高度在 20 m 以上的路堤，如图 1-7 所示。

图 1-7　高填方路堤

在进行高填方路堤的填筑施工时，应注意以下几点。

（1）高填方路堤的每层填筑厚度，应根据所用的填料，按照相关规定确定。如果填料来源不同、性质相差较大，则应分层填筑。

（2）高填方路堤施工时要注意地基强度的检测，若检测值与设计值不符，则应及时提出，并采取地基加固措施。

（3）高填方路堤应严格按照设计的边坡进行填筑，不得出现缺填现象。

## 任务实施

任务描述中的填土路基可按以下流程来进行施工。

### 1. 施工准备

按照本项目任务 1.1 进行施工准备，重点进行路基放样，如图 1-8 所示。

图 1-8 路基放样

### 2. 基底处理

按照相关知识介绍的内容进行基底处理。

### 3. 分层填筑

分层填筑的步骤大致如下。

（1）放出路基中桩和填筑边线，如图 1-9 所示。

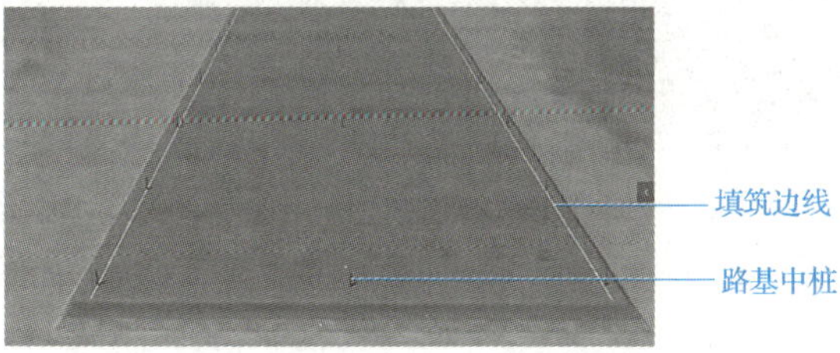


图 1-9 路基中桩和填筑边线

（2）用石灰粉画出方格，按每个方格卸一车土来控制填土松铺厚度，如图 1-10 所示。

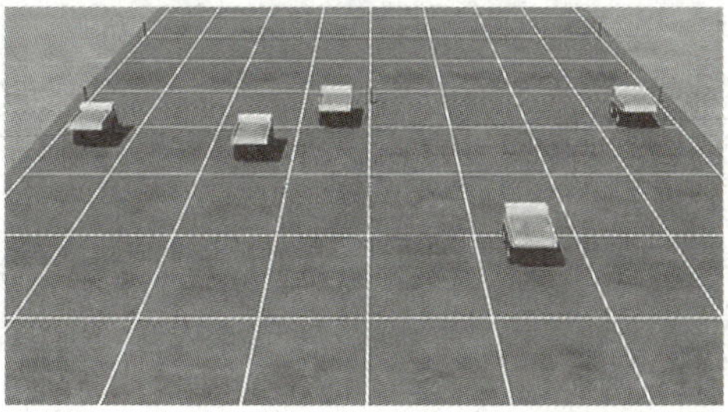

图 1-10 方 格

### 4. 摊铺平整

填筑区段完成一层卸土后，可先用推土机进行摊铺并初平，如图 1-11 所示。初平后，再用平地机精准找平，如图 1-12 所示。

图 1-11　摊铺并初平

图 1-12　精准找平

### 5. 洒水晾晒

填土碾压前，要控制其含水率在最佳含水率 ±2% 的范围内。当填土含水率过小时，应进行洒水，如图 1-13 所示；当填土含水率过大时，应采用松土机或圆盘耙翻摊晾晒。

图 1-13　洒　水

### 6. 碾压夯实

填土含水率控制在最佳含水率 ±2% 范围内后，应进行碾压夯实，如图 1-14 所示。

图 1-14　碾压夯实

提　示

碾压前，技术人员应按照试验路段确定的碾压遍数、碾压速度等向机械操作人员进行技术交底。

### 7. 检查验收

碾压完成后，进行压实度检测，如图 1-15 所示。每一千平方米不少于两个检测点。

图 1-15　检查验收

### 8. 路基整修

根据路基设计宽度及边坡设计坡度挖去超填部分边坡，然后进行边坡整修拍实，使整修后的边坡平顺、牢固，如图 1-16 所示。

图 1-16　路基整修

## 任务 1.3　挖方路基的施工

### 任务引入

某山岭地区要修建高速公路，其中一段需要开挖半个山体作为路基，该段路基施工属于石方路堑的施工，由于岩石比较坚硬，不能采用人工或机械进行开挖，因此采用了爆破法。请同学们学完本任务后，写出爆破法的大致施工流程。

## 相关知识

挖方路基也称为路堑，是指在天然地面上以开挖的方式建成的路基，如图 1-17 所示。在挖方路基的施工中，不同地质条件的施工方法会有所不同。下面主要介绍土方和石方路堑的开挖施工。

图 1-17　路　堑

### 1.3.1　土方路堑的开挖施工

#### 1. 土方路堑开挖的一般要求

土方路堑的开挖应遵照以下要求。

（1）土方开挖应按照自上而下的顺序进行，不能采用掏空倒挖的施工方法。

（2）开挖出的适用土方应用于路堤的填筑，不适用的材料应按照相应规定进行处理。

（3）在土方路堑开挖的过程中，若遇到土质变化需要修改施工方案时，则应及时报批，经有关部门批准后方可修改。

#### 2. 土方路堑的开挖方法

根据掘进方向不同，土方路堑的开挖方法一般可分为横向全宽挖掘法、纵向挖掘法和混合挖掘法三种。

##### 1）横向全宽挖掘法

横向全宽挖掘法是指以路堑整个横断面的宽度和深度，从一端或两端逐渐向前挖掘的方法，一般可分为单层横向全宽挖掘法和双层横向全宽挖掘法两种。

如图 1-18 所示，单层横向全宽挖掘法是指一次挖掘深度达到路堑设计深度的方法，掘进时，逐段成型向前推进，沿相反方向将土运送出去。这种方法适用于深度小、长度较短的路堑开挖。

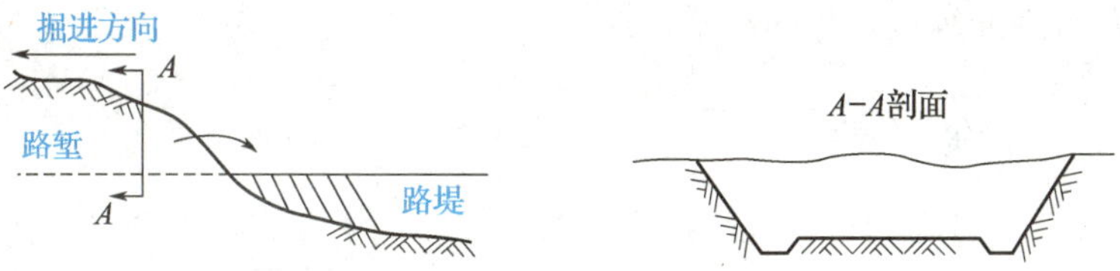


图 1-18　单层横向全宽挖掘法

如图 1-19 所示，双层横向全宽挖掘法是指分成两层（上层在前、下层随后），在不同标高的台阶上同时进行挖掘的方法。这种方法可增加工作面，加快施工速度，适用于深度过大的路堑开挖。

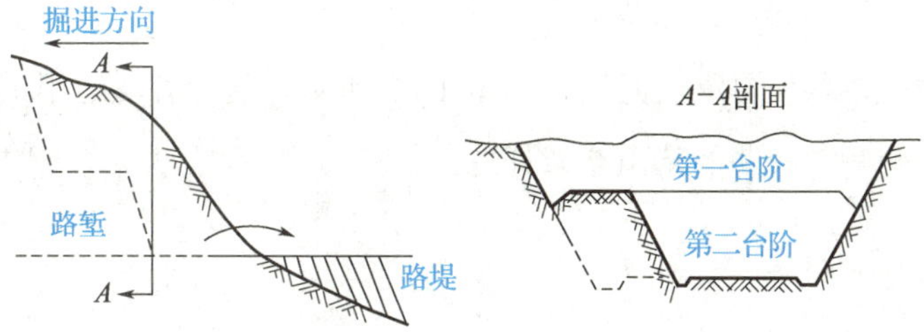


图 1-19　双层横向全宽挖掘法

## 注 意

当采用双层横向全宽挖掘法挖掘时，每层台阶都应设有单独的运土通道和排水沟渠，以免相互干扰。人工运土通道宽度不宜小于 2 m，机械运土通道宽度应不小于 4 m，双车通道宽度不宜小于 8 m。

### 2）纵向挖掘法

纵向挖掘法有分层纵挖法、通道纵挖法和分段纵挖法三种。

- **分层纵挖法**：是指沿路堑全宽，以深度不大的纵向分层进行挖掘，如图 1-20 所示。这种方法适用于较长但深度不大的路堑开挖。

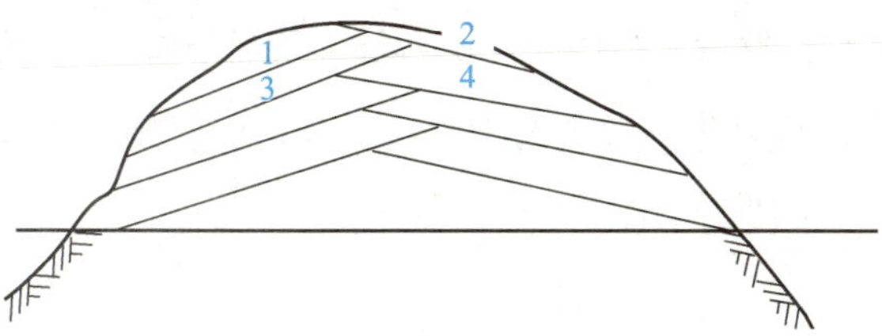


图 1-20　分层纵挖法

➤ **通道纵挖法**：是指先沿路堑纵向挖出一条通道，然后将该通道向两侧拓宽，拓宽至路堑边坡后，再挖掘下层通道，如图 1-21 所示。该方法适用于较长、较深、两端地面纵坡较小的路堑开挖。

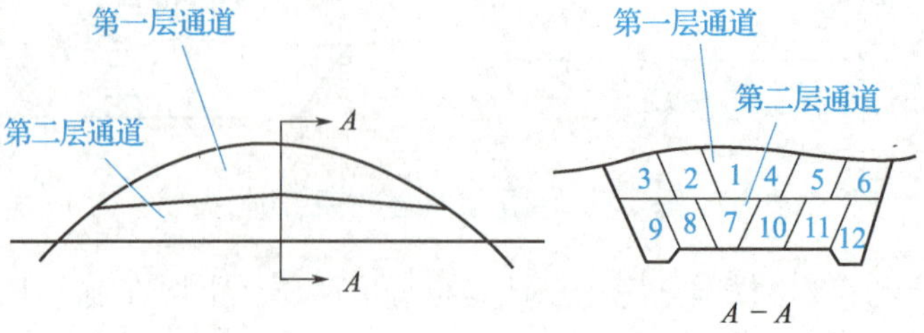


图 1-21　通道纵挖法

➤ **分段纵挖法**：是指沿路堑纵向选择几个适宜处，将较薄一侧堑壁横向挖穿，使路堑分成数段，各段再纵向开挖，如图 1-22 所示。这种方法适用于过长、弃土运距过远、一侧堑壁较薄的傍山路堑开挖。

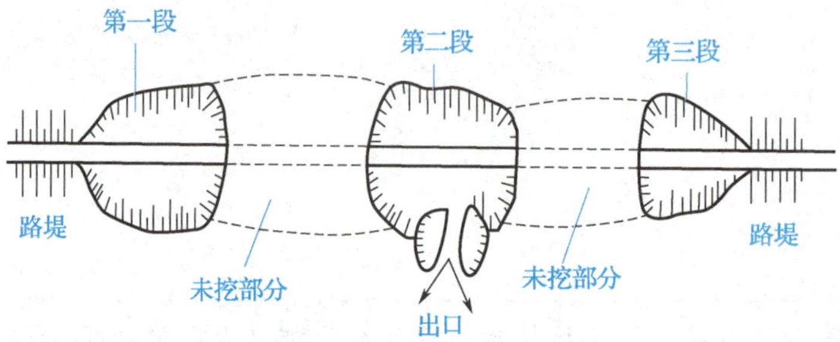


图 1-22　分段纵挖法

## 头脑风暴

某土质路堑比较长，开挖深度较浅，你觉得它适合采用那种开挖方法？

### 3）混合挖掘法

混合挖掘法是将通道纵挖法和横向全宽挖掘法进行混合使用的方法，即先沿路堑纵向挖出一条通道（如通道 1），然后再沿横向，挖出若干条辅助通道（如通道 2、通道 3 等），如图 1-23 所示。这种方法可以集中较多的人力、机具，沿纵横向通道同时挖掘，适用于路堑深、土方量大、进度要求快的工程。

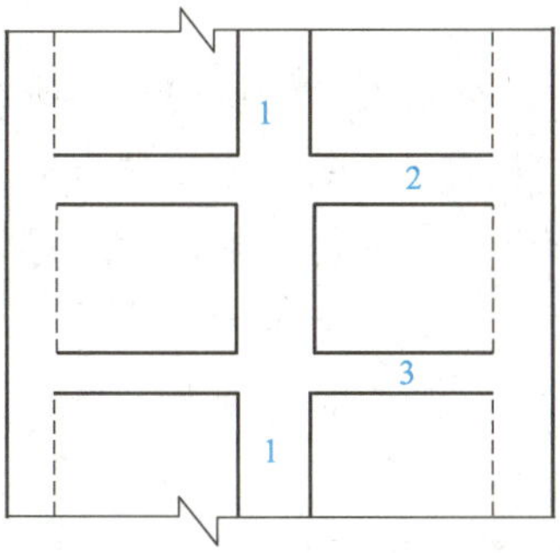


图 1-23　混合挖掘法

## 1.3.2　石方路堑的开挖施工

由于岩石坚硬，石方路堑的开挖往往比土方路堑困难。常用的石方路堑开挖方法有爆破法、松土法和破碎法。开挖前，应根据岩石的类别、风化程度、施工条件及工程量大小等，来确定选择哪种开挖方法。

### 1. 爆破法

爆破法是指利用炸药爆炸的能量来破碎或抛掷岩石，爆破后用机械清方，如图 1-24 所示。爆破法具有工效高、劳动力消耗少、施工成本低等优点，是非常有效的路堑开挖方法，适用于开挖岩石坚硬、不能用人工或机械开挖的路堑。

（a）

（b）

（a）爆破　（b）机械清方

图 1-24　爆破法

利用爆破法开挖石方的流程一般为：施工准备→布设炮孔→钻制炮孔→装药→堵塞→连接起爆网络→起爆→检查和解除警戒→清运爆破的石方。

#### 知识宝典

石方开挖采用爆破法时，应遵守以下规定。

（1）爆破施工必须由取得爆破专业技术资质的企业承担，爆破工应经技术培训持证上岗，现场必须设专人指挥。

（2）施工前，应由具有相应爆破设计资质的单位进行爆破设计、编制爆破设计书或说明书、制定专项施工方案、规定相应的安全技术措施。

（3）起爆前，应对爆破影响区内的构筑物、设施等进行安全防护，并设置安全警戒线，将爆破区内的人、畜等都运送到安全地带。

（4）起爆前，爆破人员应确认是否装好炸药，并检查导爆、起爆系统安装是否正确有效。

（5）居民稠密区宜使用静音爆破，严禁使用扬弃爆破。

### 2. 松土法

松土法是指利用岩石的各种裂缝，先用推土机牵引松土器将岩石翻松（见图 1-25），再用推土机或装载机与自卸汽车配合，将翻松的岩石搬运到指定地点。

图 1-25　松土器翻松岩石

松土法避免了爆破法所具有的危险性，有利于挖方边坡的稳定和附近构筑物的安全。随着大功率施工机械的使用，松土法越来越多地应用于石方路堑的开挖，而且开挖效率也越来越高。

**提　示**

凡是能用松土法开挖路堑的，应尽量不采用爆破法。

### 3. 破碎法

破碎法是指将凿子安装在推土机或挖掘机上，利用活塞的冲击作用使凿子产生冲击力以凿碎岩石（见图 1-26），然后再将岩石挖运出去。

图 1-26　凿碎岩石

破碎法主要用于岩石裂缝较多、体积较小、抗压强度低于 100 MPa 的工程，其开挖效率不高，只能用于前述两种方法不能使用的局部场合，也可辅助爆破法和松土法进行作业。

## 任务实施

爆破法的施工流程大致如下。

### 1. 施工准备

#### 1）技术准备

（1）勘察施工现场的地质情况及环境。

（2）结合设计图纸和现场的实际情况，编制爆破施工组织设计，并向施工队进行书面的一级技术交底和安全交底。

（3）根据设计图纸，进行路基中桩和开口线放样；放样完毕后，驻地工程师进行复核，办理签认手续。

（4）在全面施工前，进行 2～3 次试爆，以确定爆破方法、炮孔布置、起爆方式、炸药单耗等情况。

（5）在施工前，对施工班组和操作人员进行全面的二级技术交底和安全交底，以确保施工过程中的工程质量和人身安全。

#### 2）机具准备

- **钻孔设备**：潜孔钻机、空压机、凿岩机、手提钻机。
- **清运设备**：挖掘机、铲车、运输机。
- **安全设备**：安全帽、警戒线、汽笛、安全标志牌。

#### 3）材料准备

- **爆破材料：**2 号岩石炸药、乳化炸药、特种功能炸药。
- **起爆器材：**普通电雷管、火雷管、毫秒电雷管、非电毫秒雷管、导爆索、导爆管、导火索、起爆器。

#### 4）人员准备

在爆破施工前，应对施工人员进行培训，使其掌握各种设备的使用及爆破的各种施工技术，具备应对突发状况的能力。

#### 5）现场准备

（1）将路基范围内的积水或地下水排走。

（2）进行表面清除，剥离土层和砂层。

（3）修建临时通道，连通高压电。

### 2. 布设炮孔

根据设计好的爆破参数，在爆破体上标定好炮孔位置。炮孔宜布置在临空面较多的位置，不宜布置在裂缝处，以防爆炸时气体由裂缝泄出，降低爆破效果。

### 3. 钻制炮孔

炮孔布设完毕后，应钻制炮孔，如图 1-27 所示。钻孔完成后，应及时清理孔口的浮渣，然后检查炮孔有无堵塞现象，以及炮孔的间距、深度、倾斜度等是否与设计相符。

图 1-27　钻制炮孔

### 4. 装药

炮孔钻制完成后，要往孔里装炸药。装药前，要仔细检查炮孔情况，清除孔内积水、杂物等；装药过程中，应及时测量，严格把控每孔的药量。

### 5. 堵塞

炸药装完后，用石屑、粉末、细砂土或黏质土进行堵塞，如图 1-28 所示。堵塞时，应确保堵塞密度和堵塞质量，以免爆炸气体泄漏而影响爆破效果并产生飞石。另外，在堵塞过程中，要注意保护孔内的导爆管。

图 1-28　堵　塞

## 6. 连接起爆网络

根据设计的起爆网络图，连接雷管的起爆网络，如图 1-29 所示。

图 1-29　连接起爆网络

## 7. 起爆

对警戒区进行全面检查，确保无安全隐患后，指挥人发出三次预警，在第三次预警哨声发出时，爆破员立即进行爆破工作。

## 8. 检查和解除警戒

起爆完成 15 min 后，专业技术人员进入爆破现场进行检查，主要检查雷管和炸药是否全部爆炸，如果出现哑炮、拒爆、盲爆等情况，应采取相应措施进行处理。在确保无安全隐患后，指挥人员发出指令，解除警戒。

## 9. 清运爆破的石方

爆破完毕后，进行石方的清运工作。

# 任务 1.4 路基压实施工

## 任务引入

小鑫是市政道路工程相关专业的一名学生，毕业后在某道路工程施工工地实习。某日，该道路工程进行路基压实施工，小鑫参与了整个过程，并总结了要点。请同学们学完本任务后，总结不同类型路基的施工要点。

## 相关知识

路基压实是指采用合适的压实方案对路基进行有效压实，以提高路基的强度和稳定性，它是路基施工过程中一个非常重要的工序。路基填料主要分为填土、填石和土石混填三大类，这些填料性质不同，压实的方法会有所区别，下面将分别介绍这三种填料的压实方法。在介绍压实之前，先介绍常用的路基压实机械。

### 1.4.1 常用的路基压实机械

常用的路基压实机械可分为静力式、夯击式和振动式三大类。

#### 1. 静力式压实机械

静力式压实机械主要有光轮压路机、羊足碾压路机和轮胎压路机三种，如图 1-30 所示。

（a） （b） （c）

（a）光轮压路机 （b）羊足碾压路机 （c）轮胎压路机

图 1-30 静力式压实机械

- 光轮压路机：是一种以内燃机为动力的压路机，具有操作灵活、碾压速度快等优点，可用于压实砂土、黏性土等。

- 羊足碾压路机：是一种在车轮上装有许多凸块的压路机，其靠拖拉机牵引，具有单位压力大等优点，多用于路基的初压工作，尤其对含水量较大的黏性土有较好的压实效果。
- 轮胎压路机：是一种利用多个充气轮胎对路基进行压实的机械，具有压力均匀、压实质量好等优点，适用于压实各种土壤。

### 2. 夯击式压实机械

夯击式压实机械主要有夯锤和小型打夯机，常用的小型打夯机有蛙式打夯机和内燃打夯机，如图 1-31 所示。

（a）　　　　（b）　　　　（c）

（a）夯锤　（b）蛙式打夯机　（c）内燃打夯机

图 1-31　夯击式压实机械

- 夯锤：是一种借助起重机悬挂一重锤进行夯实的机械，适用于夯实砂性土、湿陷性黄土、杂填土及含有石块的填土等。
- 小型打夯机：具有体积小、重量轻、操纵灵活等优点，适用于夯实黏性较低的土（如砂土、粉土等），主要用于狭小的场地作业及大型机械无法到达的边角夯实。

### 3. 振动式压实机械

振动式压实机械主要有振动压路机和手扶平板式振动压实机，如图 1-32 所示。

（a）　　　　（b）

（a）振动压路机　（b）手扶平板式振动压实机

图 1-32　振动式压实机械

➢ **振动压路机：**利用机械高频率的振动对土层起到压实的作用，具有效率高、压实效果好等优点，可压实多种类型的土壤，主要用在工程量大的大型土方工程中。

➢ **手扶平板式振动压实机：**主要用于小面积的路基夯实。

### 1.4.2 填土路基的压实

#### 1. 填土路基的压实机理

填土路基是由土粒、水分和空气组成的三相体系，三者的特性共同构成填土的物理性质，如果三者的组成情况发生改变，那么填土的物理性质就会发生改变。填土路基受压时，其中的水分和空气会被挤出，土粒靠拢紧密，重新排列成密实的新结构，这时土粒之间的摩擦力和黏结力会增加，从而提高填土路基的强度。

#### 2. 影响填土路基压实的因素

影响填土路基压实的因素包括内因和外因两个方面。内因主要指土的含水量和土质；外因主要指压实功能和铺土厚度。

**1）土的含水量**

土的含水量是指天然状态下土中水的质量与土粒质量之比，对填土路基压实效果影响显著。当含水量较小时，土粒干燥，它们之间的摩擦力较大，外部压力很难使土粒移动，压实效果较差；当含水量适当时，水会起到一定的润滑作用，外部的压力比较容易使土粒移动，压实效果较好；当含水量过大时，土粒间空隙被大量的自由水占据，外部压力一部分被自由水抵消，降低了有效压力，压实效果较差。

每种土都有最佳含水量，在这种情况下进行压实，所得的干密度最大，压实效果最好，如图 1-33 所示。

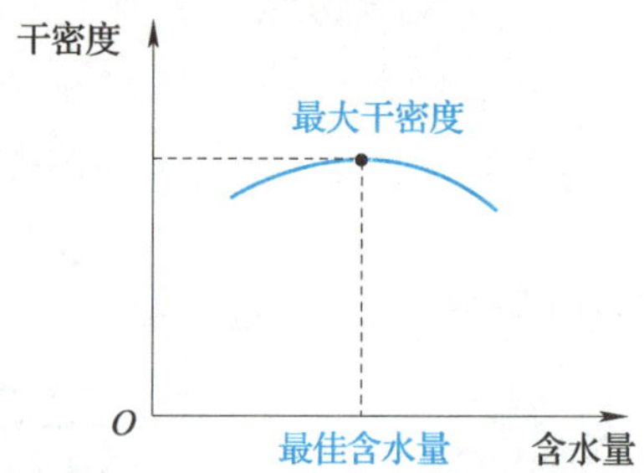


图 1-33　土的干密度与含水量关系

**2）土质**

路基的土质不同，其压实效果会有所差别。一般来说，非黏性土（如砂性土等）的压实效果优于黏性土的压实效果。例如，用同一种光轮压路机分别压实砂性土和黏性土，砂性土的压实度可以达到 95%，黏性土的压实度只能达到 92%。

#### 3）压实功能

压实功能主要是指压实机械的重量、碾压遍数、作用时间等，它对压实效果有较大的影响。

对于同类土，当含水量一定时，压实功能越大，土的干密度越大。在施工中，如果土的含水量低于最佳含水量，而加水又困难时，可通过增加压实功能（如采用重型压实机械、增加碾压遍数或延长作用时间等）来提高路基的密实度，但作用有一定限度，因为当压实功能增加到一定程度时，填土路基的密实度便不再改变，这时继续增压不仅经济上不划算，而且还会破坏填土路基的结构，效果适得其反。

### 经验传承

经验证明，在填土路基的压实中，控制土的最佳含水量比增加压实功能更有效果。因此，填土路基压实的关键是控制土的最佳含水量，必要时可适当增加压实功能。

#### 4）铺土厚度

压实机械不同，其压土时的作用深度会不同。铺土厚度应小于压实机械压土时的作用深度，并要考虑最优铺土厚度问题，因为铺得过厚，深部不能获得要求的压实度；铺得过薄，会增加机械的总压实遍数。最优的铺土厚度应能使路基压实而机械的功耗最小。

### 3. 填土路基压实的施工要点

填土路基压实的施工要点主要包括选择压实机械、控制填土的含水量、确定铺土厚度和压实遍数、检查压实质量等几点。

#### 1）选择压实机械

不同的压实机械适用于不同的土质。正常条件下，对砂性土的压实效果，振动式较好、夯击式次之、静力式较差；对于黏性土，宜选择静力式和夯击式，不宜选择振动式。各种土质适宜的压实机械如表 1-2 所示。

表 1-2　各种土质适宜的压实机械

| 机械名称 | 土的类别 | | | | 备注 |
|---|---|---|---|---|---|
| | 细粒土 | 砂类土 | 砾类土 | 巨粒土 | |
| 6～8 t 两轮光轮压路机 | A | A | A | A | 用于预压整平 |
| 12～18 t 两轮光轮压路机 | A | A | A | B | 常用 |
| 25～50 t 轮胎压路机 | A | A | A | A | 常用 |
| 羊足碾压路机 | A | C/B | C | C | 多用于碾压黏性土 |
| 振动压路机 | B | A | A | A | 常用 |
| 手扶平板式振动压实机 | B | A | A | C | 用于狭窄场地 |

（续表）

| 机械名称 | 土的类别 | | | | 备注 |
|---|---|---|---|---|---|
| | 细粒土 | 砂类土 | 砾类土 | 巨粒土 | |
| 振动平板夯 | B | A | A | B/C | 用于狭窄场地 |
| 夯锤 | A | A | A | A | 夯击影响深度最大 |
| 推土机、铲运机 | A | A | A | A | 用于推平土层和预压 |

注：表中A代表适用；B代表无适当的机械时可用；C代表不适用。

#### 2）控制填土的含水量

在铺筑填土前，应做标准击实试验，以确定填土的最佳含水量。当填土的含水量在最佳含水量±2%范围之内时，即可进行压实。当含水量过大时，应翻松晾干；当含水量较低时，应洒水湿润。

#### 提 示

如果土的含水量较低，应在铺筑的前一天，将水均匀地喷洒在土堆或取土坑表面，使其渗入土中。喷洒后，应适当拌和，以防干湿不均。

#### 3）确定铺土厚度和压实遍数

规定密实度所需的铺土厚度、压实遍数等，可根据土质和压实机械，在施工现场通过压实试验来确定。若无试验依据，可按照表1-3所示选用。在表中规定的压实遍数范围内，轻型压实机械取大值，重型压实机械取小值。

表1-3 不同压实机械的铺土厚度及压实遍数

| 压实机械 | 铺土厚度/mm | 压实遍数 |
|---|---|---|
| 光轮压路机 | 250～300 | 6～8 |
| 振动压路机 | 250～350 | 3～4 |
| 内燃打夯机 | 200～250 | 3～4 |

#### 4）检查路基压实质量

压实度（$K$）是反映路基压实质量的一个重要指标，它是工地实测干密度（$\rho_d$）与室内标准击实试验得到的最大干密度（$\rho_0$）之比，以百分率表示，即

$$K=\frac{\rho_d}{\rho_0}$$

显然，$K$ 值越接近100%，说明压实质量越好。城市道路填土路基的压实度应满足表1-4所示的标准。

表 1-4　城市道路土质路基压实度标准

<table>
<tr><th rowspan="2">填挖类型</th><th rowspan="2">路床顶面以下深度/cm</th><th rowspan="2">道路类型</th><th rowspan="2">压实度/%（重型击实）</th><th colspan="2">检验频率</th><th rowspan="2">检验方法</th></tr>
<tr><th>范围</th><th>点数</th></tr>
<tr><td rowspan="3">挖方</td><td rowspan="3">0～30</td><td>城市快速路、主干路</td><td>95</td><td rowspan="12">1 000 m²</td><td rowspan="12">每层 1 组（3 点）</td><td rowspan="12">细粒土用环刀法，粗粒土用灌水法或灌砂法</td></tr>
<tr><td>次干路</td><td>93</td></tr>
<tr><td>支路及其他小路</td><td>90</td></tr>
<tr><td rowspan="9">填方</td><td rowspan="3">0～80</td><td>城市快速路、主干路</td><td>95</td></tr>
<tr><td>次干路</td><td>93</td></tr>
<tr><td>支路及其他小路</td><td>90</td></tr>
<tr><td rowspan="3">80～150</td><td>城市快速路、主干路</td><td>93</td></tr>
<tr><td>次干路</td><td>90</td></tr>
<tr><td>支路及其他小路</td><td>90</td></tr>
<tr><td rowspan="3">> 150</td><td>城市快速路、主干路</td><td>90</td></tr>
<tr><td>次干路</td><td>90</td></tr>
<tr><td>支路及其他小路</td><td>87</td></tr>
</table>

### 知识宝典

填土路基的压实应遵循以下原则。

**先轻后重**：初压轻，复压重。

**先静后振**：先采用静力式压实机械，后采用振动式压实机械。

**先慢后快**：压实机械的速度随着压实遍数的增加而逐渐加快。

**先边后中**：压实机械应从路基两侧逐渐向路基中心处进行压实。

**先低后高**：实施弯道压实作业时，应由低的一侧向高的一侧压实；当路基设有纵坡时，也应由低处向高处压实。

**路基重叠**：压实机械相邻两次的轮迹应重叠。

### 1.4.3　填石路基的压实

填石路基是指填料中石料含量不低于 70% 的路基。

#### 1. 填石路基的压实机理

石料的颗粒较大，大多呈块状，它们的排列方式是简单的邻接或咬合连接，连接强度主要为摩擦力，几乎没有黏结力，而且石料中的空隙大、渗透性强。因此，填石路基受压时，不存在土粒中空隙气体或空隙水排出的现象，主要是外力克服石料颗粒之间的摩擦力，使它们相互碰撞进而破碎成细粒材料，细粒材料填充到空隙中，使填石路基密实。

### 2. 填石路基压实的施工要点

（1）填石路基在压实之前，应用大型推土机将路基表面摊铺平整。个别不平整之处应用细石屑找平。

（2）填石路基宜选用重量在 12 t 以上的重型振动压路机、2.5 t 以上的夯锤或 25 t 以上的轮胎压路机来压实。

（3）填石路基压实时，应先压两侧（即靠路肩部分），再压中间。

（4）填石路基达到要求的压实度所需的铺石厚度和压实遍数应经试验确定。

（5）填石路基顶面至路床顶面下 30～50 cm（高速公路及一级公路为 50 cm，其他公路为 30 cm）范围内应填筑符合路床要求的土，并应按有关规定予以压实。

### 1.4.4 土石路基的压实

土石路基是指填料中石料含量为30% ～ 70% 的路基。土石路基的压实方法应根据混合料中石料含量的多少来确定。当石料含量较少时，应按照填土路基的压实方法进行压实；当石料含量较多时，应按照填石路基的压实方法进行压实。

## 任务实施

（1）将全班学生分成若干组，每组 4～5 人。

（2）老师利用多媒体播放路基压实施工的相关视频，或带领学生去施工现场参观。

（3）各小组根据所学内容、收看视频或现场情况，总结施工要点，内容主要包括填土路基和填石路基压实的施工要点，写成报告形式，上交老师。

（4）老师按表 1-5 给各小组打分。

表 1-5　活动评价表

| 评分标准 | 满分 | 实际得分 | 备注 |
|---|---|---|---|
| 积极参与活动 | 20 | | |
| 报告内容扣题 | 40 | | |
| 报告文字流畅 | 20 | | |
| 其他 | 20 | | |
| 总分 | 100 | | |

# 任务 1.5　软土地基的加固施工

## 任务引入

某施工单位需要铺筑长约为 158 m、高约为 11 m 的路基，该路基的基础为软土地基。在填筑高度约 10 m 时，路基突然出现坍塌沉陷。之后，参建各方对坍塌沉陷原因进行了分析，其中主要原因是相关人员对软土地基的特点认识不足，未对软土地基采取有效的加固措施。因此，在软土地基上修筑路基前，对软土地基进行加固是一项必不可少的工作。

想一想：软土地基加固的施工方法有哪些？

## 相关知识

目前，我国很多道路修建在软土地基上。软土地基是指特殊地区（如江、湖、河沿岸等地区）的地基，这些地区的土通常具有含水量大、渗透性差、天然强度低和压缩性高等特点，容易导致地基产生沉降，从而引起路基不稳，甚至开裂等。一般，在软土地基上修筑路基前，要对软土地基进行加固处理，从而提高路基的承载力。本任务主要介绍软土地基的加固施工。

### 1.5.1　软土地基加固施工前的准备工作

（1）熟悉施工图纸、工程地质报告、土木试验报告等资料，并熟悉地下管线、构筑物的布设。

（2）编制施工组织设计或施工大纲，使软土路基的处理按一定程序和方法进行。

（3）检验准备采用的原材料、半成品、成品等。

（4）对于准备采用桩基处理的软土地基，应进行成桩试验，以便取得桩基施工中的技术数据，确保桩基施工成功。

（5）做好排水措施，以保证施工期间排水通畅。对于常年积水的地段，应事先做好抽水、清淤和回填工作。

### 1.5.2　软土地基加固的常用施工方法

软土地基加固的常用施工方法有换填法、反压护道法、土工合成材料处理法、袋装砂井法、塑料排水板法、抛石挤淤法、深层搅拌桩法等。

### 1. 换填法

换填法是指用一定方法将路基范围内的软土层挖除，然后回填强度高、压缩性低、稳定性好的材料，并分层压实至规定的密实度。这种方法适用于浅层处理，即软土层厚度较小，一般不大于 5 m 的情况。

换填法的施工步骤一般如下。

（1）开挖排水沟，排除表层滞水及降低地下水位。

（2）采用机械清除软土，一般可用湿地推土机将软土推到路基界限以外，如图 1-34 所示。如果不宜采用推土机，则宜选择挖掘机进行挖除（见图 1-35），并配以自卸汽车运输，卸至合适的地点。

图 1-34　湿地推土机推除软土

图 1-35　挖掘机挖除软土

（3）软土清除完毕后，进行回填工作。

### 2. 反压护道法

反压护道法指在路基的两侧（或一侧）填筑一定高度与宽度的护道，在护道荷载的作用下，形成反向力矩来平衡路基填土的滑动力矩，从而保证路基的稳定，如图 1-36 所示。

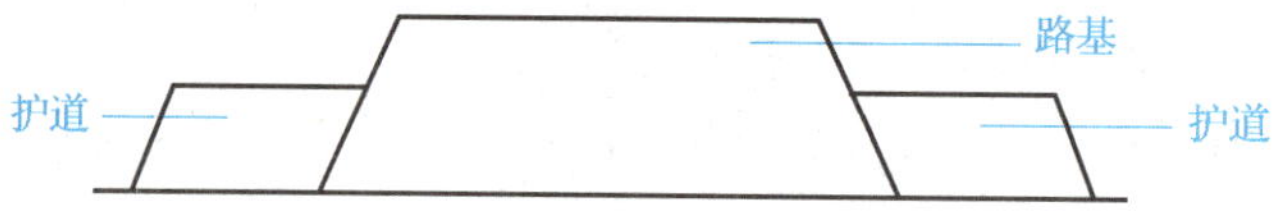


图 1-36　反压护道法

反压护道法的施工要点如下。

（1）先填筑包括护道在内的砂垫层 I 及路基 II，最后填筑主路基 III，如图 1-37 所示。

（2）在主路基施工中，如果确定护道下面的地基强度已达到规定要求，则可以将护道设计高度以上的部分挖出，利用这些材料填筑主路基，如图 1-38 所示。

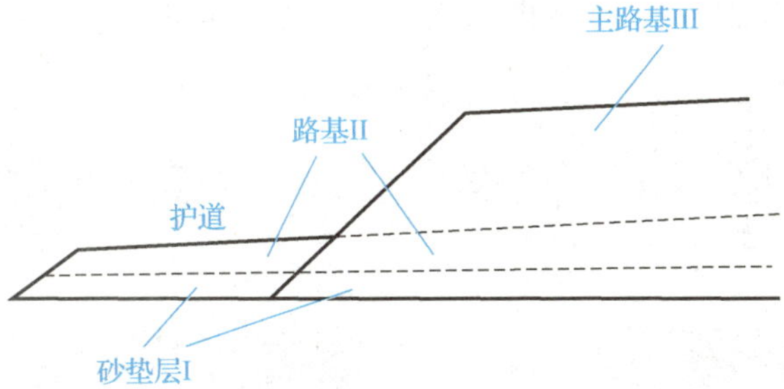


图 1-37　反压护道法施工顺序

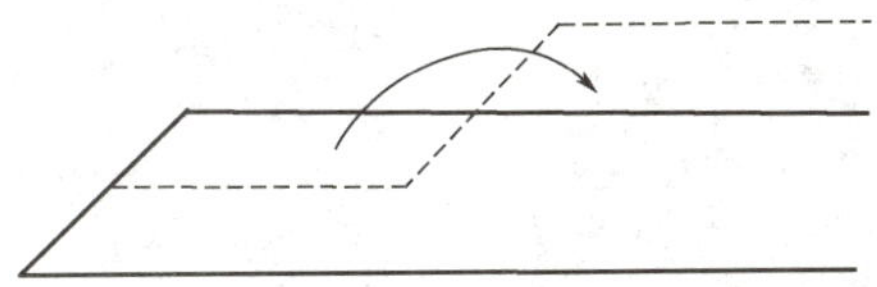

图 1-38　利用护道材料填筑主路基

（3）护道的高度宜为路基高度的 1/2，宽度应通过稳定性验算确定。

### 3. 土工合成材料处理法

土工合成材料是土木工程应用的合成材料的总称，它具有良好的抗拉、抗剪性能。土工合成材料处理法是指将各种土工合成材料置于土体内部或表面，以均匀支撑路基荷载，减小路基沉降和侧向位移，提高路基承载力。常见的土工合成材料有土工布、土工格栅和土工格室等，如图 1-39 所示。

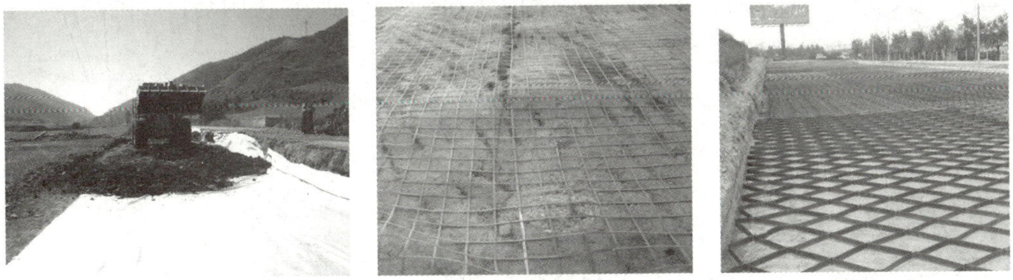

（a）　（b）　（c）

（a）土工布　（b）土工格栅　（c）土工格室

图 1-39　常见的土工合成材料

土工合成材料处理法的施工要点如下。

（1）在铺设土工合成材料前，应先将场地平整好。

（2）距土工合成材料层 8 cm 以内的路基填料，其最大粒径不得大于 6 cm。

（3）铺设土工合成材料时，应将其沿垂直于路轴线展开，并选用合适的锚钉固定。铺设的土工合成材料应拉直、捋顺，不得出现扭曲、折皱等现象。

（4）铺设土工合成材料后，施工机械不得在其上直接行走。

（5）土工合成材料铺好后，应立即铺筑上层填料，其间隔时间不得超过 48 h。

## 4. 袋装砂井法

袋装砂井法是指用透水型土工织物长袋装上砂子，设置在软土地基中形成排水砂柱，以促进软土排水固结，如图 1-40 所示。

图 1-40　袋装砂井法

袋装砂井法的施工步骤大致如下。

（1）平整原地面。

（2）铺设下层砂垫层。

（3）机具定位。

（4）沉入套管。机具将带有可开闭底盖的套管或带有预制桩尖的套管（内径略大于砂袋直径），沉入到要求的深度，如图 1-41 所示。

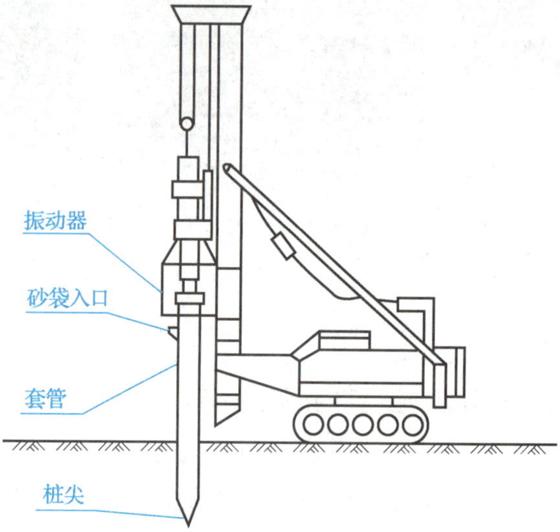


图 1-41　沉入套管

（5）沉入砂袋。首先扎好砂袋的下口，下端放入 20 cm 左右厚的砂子进行压重；然后将砂袋放入套管中，沉入到要求的深度；最后把砂袋入口固定在装砂用的漏斗上，从漏斗口将沙子装入砂袋，直到装满。

（6）拔出套管。

知识宝典

袋装砂井法，也可以预先在袋内装满砂料，扎好上口，做成预制砂袋，成孔后将砂袋放入孔内。

### 5. 塑料排水板法

如图 1-42 所示，塑料排水板是一种排水材料，它的中间层是塑料芯板，承担骨架和排水通道的作用，两面用土工织物包裹，用作滤层。

图 1-42　塑料排水板

塑料排水板法是指在软土地基中按一定的间距和布置形式插设塑料排水板，软土地基中的水通过塑料排水板的滤层，渗进塑料芯板，然后排出，从而使得软土固结，提高地基承载力，如图 1-43 所示。

图 1-43　塑料排水板法

塑料排水板法的施工步骤大致如下。

（1）平整场地。

（2）铺设下层砂垫层。

（3）机具定位。塑料排水板法使用的机具与袋装砂井法使用的基本相同，只是圆形套管改为矩形套管。

（4）插设塑料排水板。如图 1-44 所示，塑料排水板从套管上端穿入，从下端穿出，并与桩靴相连。启动机具，套管顶住桩靴，将塑料排水板插至设计深度；然后拔出套管，使塑料排水板留在土中；最后剪断塑料排水板，移动机位，进行下一塑料排水板施工。

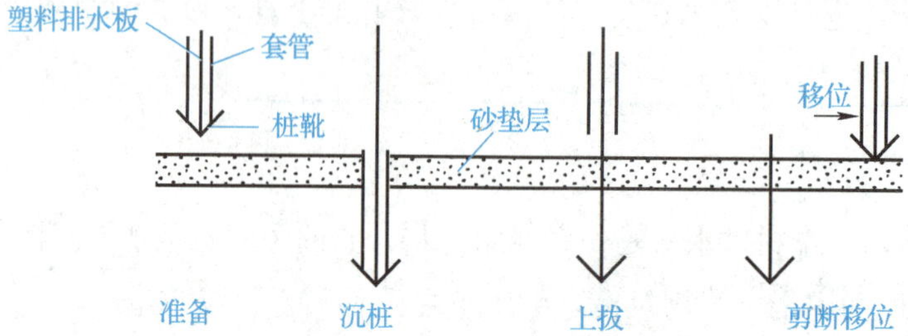


图 1-44　插设塑料排水板

## 注 意

进行塑料排水板法施工时，应注意以下几点。

（1）在插入地基的过程中，塑料排水板应保证不扭曲、无破损。

（2）塑料排水板的底部应有可靠的锚固措施，以免在抽出套管时将其带出。

（3）在塑料排水板插好后，应及时将露在垫层外的多余部分剪断，并对塑料排水板予以保护，以防机具的移动使其受损。

（4）当碰到地下障碍物而不能继续打进时，应弃置该孔，拔管移位重新插入。

（5）插入过程中，应保证套管的垂直度。

### 6. 抛石挤淤法

抛石挤淤法是指在路基底从中部向两侧抛投一定数量的碎石，将淤泥挤出路基范围，以提高路基强度，如图 1-45 所示。

图 1-45　抛石挤淤法

抛石挤淤法的施工步骤大致如下。

（1）抛石。抛石主要采用人工投掷，装载机、推土机配合。

（2）推平。当所投掷的碎石高出原地面后，采用推土机推平。

（3）碾压。推土机推平后，采用重型压路机进行碾压，在碾压过程中，应适量加入小粒径碎石找平。

（4）清淤。对于挤出的淤泥，可采用挖掘机进行清除，并利用自卸汽车将其运至指定弃土场。

（5）铺筑反滤层。当所投掷的碎石达到设计要求的标高后，应在填筑范围内铺筑反滤层并碾压密实。

### 7. 深层搅拌桩法

深层搅拌桩法是指利用水泥、石灰等材料作为固化剂，通过深层搅拌机，在地基深处将软土和固化剂强制搅拌，利用固化剂和软土之间所产生的一系列物理、化学反应，使软土固结成具有整体性、水稳定性和一定强度的良好地基，如图 1-46 所示。

图 1-46　深层搅拌桩法

根据固化剂的状态不同，深层搅拌桩法可分为干法和湿法两类。干法是采用干燥状态的粉体材料作为固化剂，如水泥等；湿法是采用浆液材料作为固化剂，如水泥浆等。

深层搅拌桩法的施工工艺主要有两种，第一种是先在地面把水泥制成水泥浆，然后送至地下与地基土搅和，待其固化后，即可使地基土的力学性能得到加强；第二种是采用压缩空气把干燥、松散状态的水泥粉直接送入地下与地基土搅和，利用地基土中的孔隙水进行水化反应后，再进行固结，以达到改良地基的目的。目前，我国采用较多的是第一种，其施工步骤大致如下。

（1）深层搅拌机定位，如图 1-47（a）所示。

（2）预搅下沉。启动深层搅拌机，使钻杆边搅拌边下沉，如图 1-47（b）所示；同时，后台拌制水泥浆液，并在压浆前，将浆液放入集料斗中。

（3）喷浆搅拌提升。下沉至设计深度后，启动注浆泵，将水泥浆输送到深层搅拌机的搅拌头出浆口；出浆后，深层搅拌机按设计确定的提升速度边喷浆搅拌，边提升钻杆，使浆液和土体充分搅和，如图 1-47（c）所示。

（4）重复搅拌下沉。钻杆头部提升至桩顶以上 500 mm 后，关闭注浆泵，重复搅拌下沉至设计深度，如图 1-47（d）所示。

（5）重复喷浆搅拌提升。下沉至设计深度后，重复喷浆搅拌提升，直到提升至地面，如图 1-47（e）所示。

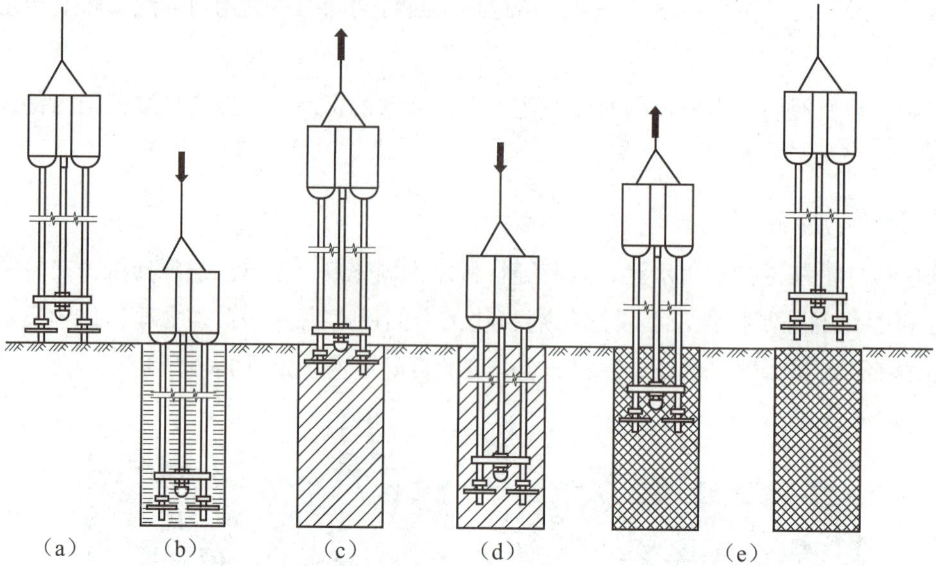


（a）深层搅拌机定位　（b）预搅下沉　（c）喷浆搅拌提升
（d）重复搅拌下沉　（e）重复喷浆搅拌提升

图 1-47　深层搅拌桩法施工步骤

## 任务实施

判断下列各图属于软土地基加固的哪种施工方法，将答案填入横线中，并简单介绍其施工要点。

# 任务 1.6　路基排水设施施工

## 任务引入

某路基为排除一侧的边沟积水，设置了管式渗沟，设计要求如下。

（1）渗沟底部纵坡设计要求：纵坡不宜小于 1%，条件困难时也不得小于 0.5%。

（2）渗沟采用材料：底部可采用细石混凝土铺筑，然后沿沟壁四周铺一层渗水土工布，沟中间放一根直径为 10 cm 左右的 PVC 渗管，管壁预留渗水孔，管周填以碎石或卵石，然后回填细颗粒粒料（碎石、石屑、粗砂等）作反滤层。

请同学们学完本任务后，上网查询资料，写出管式渗沟施工的大致流程。

## 相关知识

路基一般暴露于大自然，经常受到雨水冲刷，如果长期浸泡，会造成土体强度降低，从而发生沉陷。在进行道路工程设计时，应对路基设置完善的排水设施，用以排除可能危害路基的水，确保路基处于比较干燥的状态，保证路基结构的稳定。路基排水设施可分为两类，分别是地面排水设施和地下排水设施。

### 1.6.1　地面排水设施施工

地面排水设施主要有边沟、截水沟、排水沟，以及跌水与急流槽等。下面简单介绍这些设施。

#### 1. 边沟

边沟是指设置在挖方路基的路肩外侧或低路堤的坡脚外侧，用以汇集并排除路基范围内和流向路基的少量地表水的沟槽，如图 1-48 所示。

图 1-48　边　沟

边沟的断面形式一般有梯形、三角形和矩形三种，如图 1-49 所示。一般，土质路段边沟多采用梯形断面；矮路堤或机械化施工路段边沟可采用三角形断面；石质路段边沟多采用矩形断面，其内侧边坡可以直立或稍微倾斜。

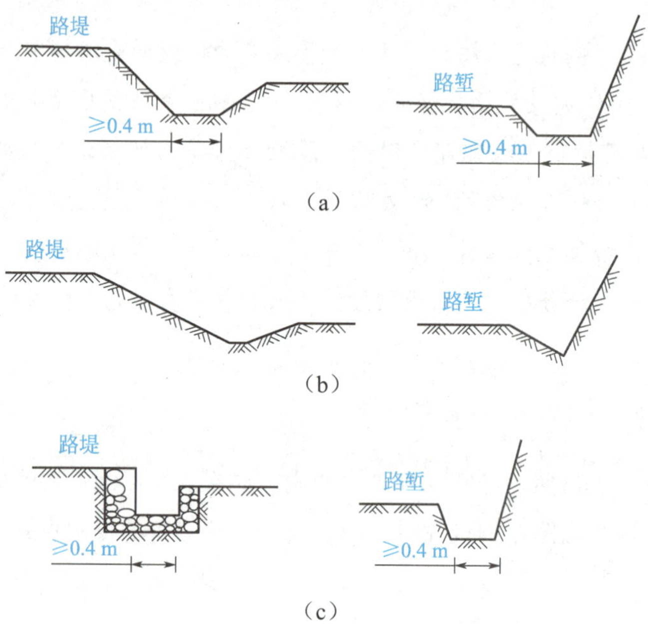


（a）梯形边沟　（b）三角形边沟　（c）矩形边沟

图 1-49　边沟的断面形式

边沟施工的流程一般为：施工准备→施工放样→边沟开挖→边沟清理→整平夯实→边沟沟底砌筑→边沟墙身砌筑→检查验收。

边沟施工时，应注意以下几点。

（1）边沟深度一般取 0.4～0.8 m，边沟底宽不应小于 0.4 m。在水流较多的情况下，可适当加宽或加深。

（2）为控制边沟中的水不致过多，可以结合地形，每隔一定距离（一般为 300～500 m）设置出水口，用以将边沟的水排至路基范围之外。

（3）边沟纵坡宜与路线纵坡相同，并不宜小于 0.2%，以免水流阻滞。

### 2. 截水沟

截水沟又称为天沟，一般布置在路堑边坡或山坡路堤上侧，用以拦截山坡上流向路基的水，如图 1-50 所示。

图 1-50 截水沟

截水沟施工的流程一般为：施工准备→施工放样→截水沟开挖→截水沟清理→整平夯实→片石砌筑→砌体勾缝→检查验收。

截水沟施工时，应注意以下几点。

（1）截水沟应尽量垂直于山坡水流方向。

（2）截水沟的横断面一般采用梯形，底宽应不小于 0.5 m，深度应根据拦截的水流量确定，不宜小于 0.5 m，边坡坡度视土质而定，一般采用 1∶1～1∶1.5。

（3）截水沟纵坡应不小于 0.2%，不大于 3%，一般采用 1%。

（4）如图 1-51 所示，截水沟到路堑边坡坡顶边缘的距离视土质不同而异，以不影响边坡稳定为原则，一般取 $d \geqslant 5$ m，并且应在截水沟与路堑之间用土堆筑挡水台。

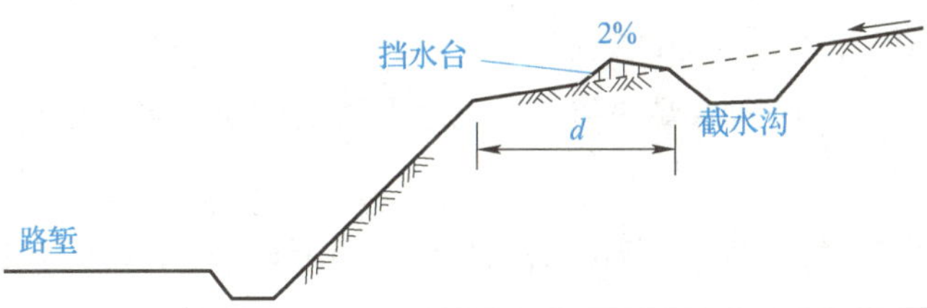


图 1-51 路堑边坡截水沟

（5）如图 1-52 所示，山坡路堤上方的截水沟，应布置在路堤坡脚以外约 2 m 处，截水沟与路堤之间修筑护坡道，护坡道顶面以 2%的横坡向截水沟倾斜。

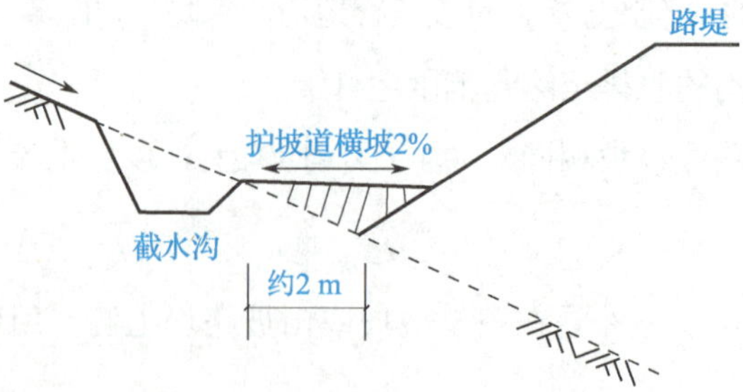


图 1-52　山坡路堤截水沟

### 3. 排水沟

排水沟是将边沟、截水沟和路基附近低洼处汇集的水引向路基以外的水沟，如图 1-53 所示。

图 1-53　排水沟

排水沟施工的流程一般为：施工准备→施工放样→排水沟开挖→人工修整→排水沟砌筑→检查验收。

排水沟施工时，应注意以下几点。

（1）排水沟的横断面一般采用梯形。

（2）排水沟的布置可根据需要并结合当地地形而定，应尽可能远离路基，距离路基坡脚不宜小于 3～4 m。

（3）排水沟应尽量做成直线，若需做成曲线，则曲线半径不宜小于 10 m。

（4）排水沟应具有合适的纵坡，以保证水流顺畅，不可使水流太大而产生冲刷，也不可使流速太小而形成淤积。

### 4. 跌水与急流槽

如图 1-54 所示，跌水是使上游渠道的水流自由跌落到下游渠道的阶梯形构筑物，常设置于坡度较大的地段，作用是降低流速、削减水的能量，以防止过度冲刷出水口处的桥涵结构物、自然水道或农田。

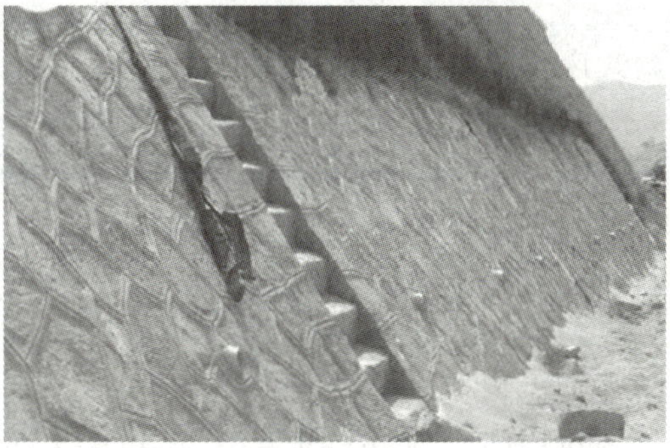

图 1-54　跌　水

跌水的结构主要分为进水部分、消力池和出水部分三部分（见图 1-55），这三部分应根据水利计算的结果来确定主要尺寸。

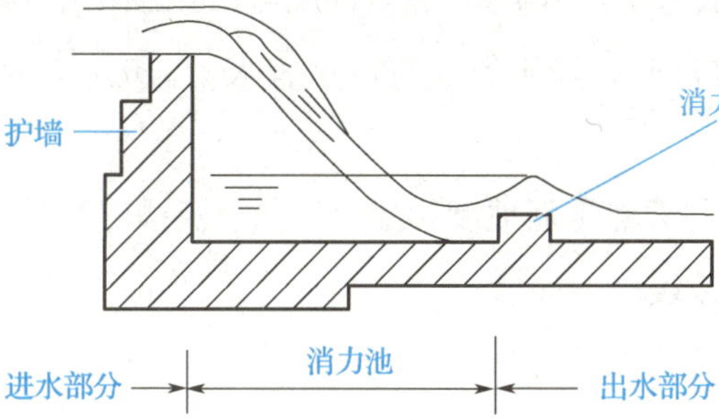


图 1-55　跌水构造

如图 1-56 所示，急流槽是指在陡坡或深沟地段设置的坡度较大、水流不离开沟底的排水构筑物，其多用于将路堤、路堑上的水排入涵洞或天然水道，或者在特殊情况下将截水沟中的水排入边沟。

图 1-56　急流槽

急流槽的结构主要分为进口、主槽和出口三部分，进出口与主槽连接处因断面尺寸不同，应设置一定长度的过渡段，出口处应设置消力池。

**提 示**

跌水与急流槽均是路基地面排水沟渠的特殊形式，适用于陡坡地段，是山区公路路基排水常见的构筑物。

跌水和急流槽的施工流程一般为：施工准备→施工放样→沟槽开挖→沟槽清理→验槽→槽身砌筑→进、出水口铺筑→消力池砌筑→检查验收。

跌水和急流槽施工时，应注意以下几点。

（1）由于水流流速快、冲刷力大，所以跌水与急流槽的结构必须稳固耐久，一般用石块或混凝土砌筑而成，并且应埋设牢固。一般来讲，截水沟和边沟的急流槽多用石块砌筑，路堤边坡的排泄急流槽多用混凝土砌筑。

（2）跌水有单级和多级之分，其台阶高度可根据地形、地质等条件确定。多级跌水的各台阶高度可以不同，一般为0.3～0.4 m，台阶高度与长度之比应与原地面的坡度相适应。

（3）当急流槽很长时，应分段砌筑，每段不宜大于 10 m，接头处用防水材料填塞密实。

（4）急流槽的纵坡应与天然地面坡度相配合，当急流槽较长时，可分成几个纵坡，一般是上段较陡，向下逐渐放缓。

### 1.6.2 地下排水设施施工

路基常用的地下排水设施有明沟、暗沟、渗沟和渗水井。

#### 1. 明沟

明沟常设置在路基边缘，一般与地面排水边沟相结合，具有排泄地面水和浅层地下水的双重功能。

明沟施工时应注意以下几点。

（1）明沟断面一般采用梯形。

（2）明沟纵坡宜适当增大，以保证水流及时排除。

（3）明沟沟壁与水层接触面应设置渗水孔及反滤层。渗水孔的数量和孔径应根据地下水流量和含水层性质而定；反滤层多采用砂砾、碎石等材料，厚度一般为10～15 cm。

#### 2. 暗沟

暗沟又称为盲沟，是引导地下水流的沟渠，内部分层填筑不同粒径的颗粒材料，利用其透水性将地下水汇集于沟内，并沿沟排泄至指定的地点，如图 1-57 所示。

图 1-57　暗　沟

暗沟施工时，应注意以下几点。

（1）暗沟通常设置在路基的泉眼处，施工时，在路基填土之前或挖成之后，剥除泉眼上层浮土，挖出泉井，砌筑井壁与沟壁，上盖混凝土盖板或石盖板，并在板顶上填土，填土厚度应大于 50 cm。

（2）暗沟的沟宽根据泉眼范围或水流大小确定，一般为 20～30 cm，净高约为 20 cm。若两侧沟壁为石质，盖板可直接放于两侧石壁上。

（3）为防止淤泥堵塞，盖板周围应用砂、碎（砾）石做成反滤层，其颗粒直径自上而下、由外及内逐渐增大，即上面和外层铺砂，下面和内层铺碎（砾）石，每层厚度不大于 15 cm，如图 1-58 所示。

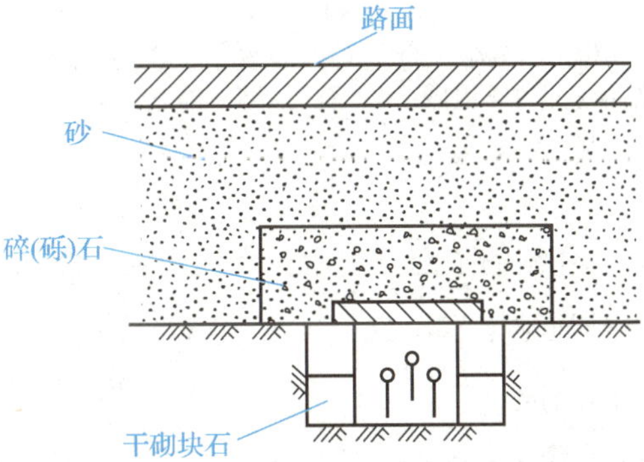


图 1-58　暗沟构造

### 提　示

反滤层顶部设双层反铺草皮，再用黏土夯实，以免地面水下渗和黏土颗粒落入反滤层。

（4）沟底必须埋入不透水层内。

（5）暗沟的排水能力较小，不宜过长。

（6）沟底纵坡宜为1%～2%。

（7）寒冷地区的暗沟应做防冻保温处理或将暗沟埋设在冰冻深度以下。

### 3. 渗沟

渗沟是一种常见的地下排水沟渠，它采用渗透方式，将路基工作区或其以下较浅的大面积地下水汇集于沟内，并沿沟把水排到指定地点。根据地下水位的分布情况，渗沟可设置在边沟、路肩、路基中线以下或路基上侧山坡适当位置。

根据排水层的形式不同，渗沟可分为填石式渗沟、管式渗沟和洞式渗沟，如图1-59所示。

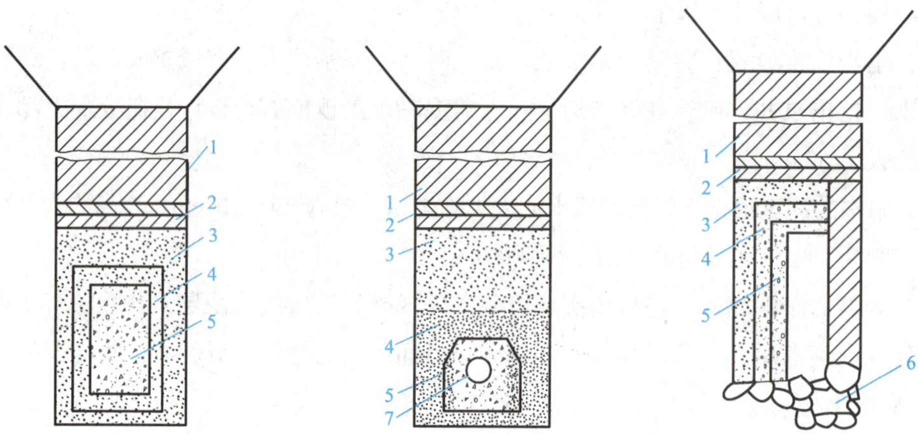


（a）　　（b）　　（c）

（a）填石式渗沟　（b）管式渗沟　（c）洞式渗沟

1—夯实黏土；2—双层反铺草皮；3—粗砂；4—石屑；5—碎石；6—浆砌片石沟洞；7—渗管。

图1-59　渗　沟

- **填石式渗沟：**即前面介绍的暗沟，用于流水量不大、渗沟不长的路段。
- **管式渗沟：**用渗管排泄地下水，具有排水顺畅等优点，适用于地下水分布广、藏水量大、渗沟较长的路段。
- **洞式渗沟：**用石砌筑沟洞来排水，适用于地下水分布广、流水量大且当地石料丰富的路段。

渗沟施工时应注意以下几点。

（1）填石式渗沟施工时需要注意的事项可参考前面介绍的暗沟。

（2）当管式渗沟长度为100～300 m时，其末端宜设置横向泄水管，以便分段排除地下水。

（3）管式渗沟的渗管可用陶瓷、混凝土、石棉、水泥或塑料等材料制成，管壁应设泄水孔，交错布置，间距不宜大于20 cm。

（4）洞式渗沟的洞壁宜采用浆砌片石砌筑，洞顶应用盖板覆盖，盖板之间应留有空隙，使地下水流入洞内。

（5）设置在边沟下或边沟旁的渗沟应按照路线方向布置；用于截断地下水的渗沟宜布置成与渗流方向垂直；用作引水的渗沟应布置成条形或树枝形。

（6）渗沟内用作排水和渗水的填充材料（如粗砂、石屑、碎石等）在填筑前应经过筛选和清洗，以确保其粒径和质量符合要求。

**知识宝典**

> 渗沟常用的形式为管式渗沟，其施工流程一般为：施工准备→测量放样→开挖沟槽→沟底混凝土施工→铺设土工布→埋设渗管→回填反滤层→封顶。

### 4. 渗水井

渗水井是一种立式地下排水设施。如果地下有多层含水层，其中影响路基的上部含水层较薄、排水量不大，并且平式渗沟不宜布置，则可以考虑设置渗水井，使其穿过不透水层，将上部含水层的水，引入到更深的含水层中，如图 1-60 所示。

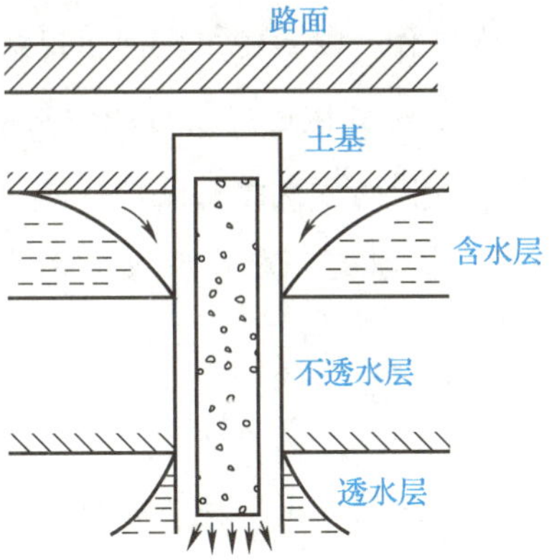


图 1-60　渗水井布置示意图

渗水井施工时应注意以下几点。

（1）渗水井通常为圆柱形或方形，其断面面积应根据实际排水量的大小而定，井深根据地层构造而定。

（2）渗水井内应填筑透水性良好的砂石材料，这些材料在填筑前应经过筛选冲洗，确保层次分明，不得粗细材料混杂填塞。

（3）渗水井离路堤坡脚的距离不应小于 10 m，渗水井顶部四周（进口部分）用黏土筑堤围护，井顶应放置混凝土盖，严防渗水井产生淤塞。

## 任务实施

管式渗沟施工的流程大致如下。

### 1. 施工准备

（1）施工前，路基工程师、试验工程师、质检工程师、施工员熟悉施工图纸和有关规范，了解施工现场，认真做好生产前的各项准备工作。

（2）路基工程师对现场施工人员做好技术交底，并提出用料计划。

（3）工地试验室将对用于本项工程施工所需的各种原材料进行试验检测，并将所测得的各项指标，报监理工程师审批。

### 2. 测量放样

测量组按照图纸要求定出地下渗沟的边线、控制线，并在渗沟周围设置标高控制点。

### 3. 开挖沟槽

测量放样后，即可进行地下渗沟的开挖，开挖时应注意以下几点。

（1）开挖前，应做好地面排水工作，以防施工期间出现基坑边坡失稳或坍塌等情况。

（2）采用机械开挖时，操作员要对机械进行较好的控制，以防超挖，一般挖至设计标高之上较小距离处时，应采用人工清槽的方式挖至设计标高。

（3）开挖完成后，坑壁一般比较粗糙，应采用人工方式进行修整，并且要人工找平坑底。

### 4. 沟底混凝土施工

坑底找平后，即可支设模板，浇筑混凝土，施工时应注意以下几点。

（1）混凝土由拌和站集中拌和，通过罐车运至现场，由人工浇筑振捣。

（2）混凝土运输时间不应超过混凝土的初凝时间。

（3）混凝土浇筑前，沟槽应清理干净，不得有浮土、垃圾等杂物。

（4）沟底混凝土浇筑应分段连续进行，各分段内混凝土应一次浇筑完成，若因故中断，则应按照相关要求留设施工缝。

### 5. 铺设土工布

沟底混凝土施工完成后，应沿沟壁四周铺一层渗水土工布，铺设时应注意以下两点。

（1）土工布应紧贴沟壁，并采取固定措施。

（2）土工布接头应进行搭接，搭接长度需达到相关要求。

### 6. 埋设渗管

土工布铺设完毕后，即可埋设渗管，如图1-61所示。

图1-61 埋设渗管

埋设渗管时应注意以下三点。

（1）埋管前，应精确计算好管节接头位置，在接口处挖设工作坑，深度不低于20 cm，以便操作接口。

（2）安装渗管时，管道接口要进行搭接，搭接长度一般为20 cm。搭接完毕后，将渗管调整顺直。

（3）渗管就位后，应将管节中心、高程逐渐调整到设计位置，并在管节两侧适当加土石垫块或砂石固定。

### 7. 回填反滤层

渗管安装完毕后，在管身两侧回填反滤层以稳定管身，并分层夯实。

### 8. 封顶

反滤层回填后，在其顶部做封闭层，一般用土工膜防渗材料铺面或干（浆）砌片石封顶，并在上面夯填厚度约0.5 m的黏土防水层。

## 任务1.7 路基防护施工

### 任务引入

现有某公路，为保证路基边坡的稳定性，需要采取支挡防护措施。已知该公路所在地区缺乏石料，填土路基平均高为8 m。请同学们学完本任务后，为该路基选择合适的支挡防护措施，并写出大致的施工流程。

## 相关知识

路基大多暴露于自然环境中，长期受自然因素（如雨雪、温差等）的影响，容易出现一些“病害”，例如，路基长期受雨水冲刷，其强度会下降，可能会发生坍塌。为了避免此类情况，应对路基进行防护。

路基防护主要分为坡面防护、堤岸防护和支挡防护三大类。

### 1.7.1 坡面防护施工

坡面防护主要是保护路基边坡表面免受自然因素的破坏，如雨水冲刷、干湿及冷热循环作用、表面风化等。坡面防护主要可分为植物防护和工程防护两类。

#### 1. 植物防护

植物防护是指利用植物覆盖坡面，使其根系固结于表土中。植物防护不仅可以防止水土流失、调节坡体中的温湿度，起到固结和稳定边坡的作用，还可以绿化道路、保护环境，它是土质边坡常采用的一种简单有效的防护措施。植物防护主要有种草防护、铺草皮防护、种树防护三种。

##### 1）种草防护

种草防护是指在坡面上种草来进行防护的一种措施，如图 1-62 所示。草能覆盖表土，可防止雨水冲刷造成的表土流失，还可以调节土的湿度，防止坡面风化剥落，有利于路基的稳定。

图 1-62 种草防护

目前推广应用的种草方法主要有液压喷播方法和客土喷播方法。这两种方法都是通过专用的喷播设备将含有草籽的浆料喷到坡面上（见图 1-63），主要区别是浆料成分不同。

图 1-63　喷播浆料

## 知识宝典

种草防护适用于防护冲刷轻微的路堤或路堑边坡。采用种草防护的边坡坡度应不大于 1∶1，坡面上的水流速度应不大于 0.6 m/s。

种草防护施工时，应注意以下两点。

（1）如果边坡不宜种草，则可先铺一层有利于草生长的种植土，铺土厚度宜为 10～15 cm，待土层与原坡面结合牢固后，方可种草。

（2）草应在温度、湿度较大的季节播种，播种后，应适时进行洒水施肥、清除杂草等养护工作，直到植物覆盖坡面。

### 2）铺草皮防护

铺草皮防护是通过人工在边坡上铺设天然草皮来保护边坡的一种防护措施，如图 1-64 所示。

图 1-64　铺草皮防护

铺草皮的方式有平铺、水平叠铺、垂直叠铺、斜交叠铺及网格铺，如图 1-65 所示。实际施工时，可根据具体条件（坡度与流速等）选择相应的铺草皮方式，如表 1-6 所示。

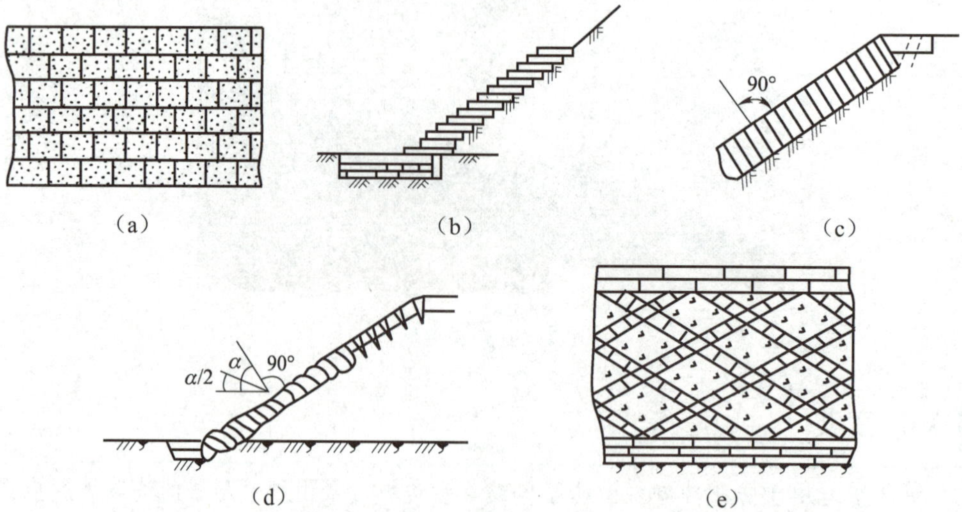


（a）平铺 （b）水平叠铺 （c）垂直叠铺 （d）斜交叠铺 （e）网格铺

图 1-65 铺草皮的方式

表 1-6 不同条件下的铺草皮方式

| 铺草皮方式 | 含义 | 边坡坡度 | 水流速度 |
|---|---|---|---|
| 平铺 | 平行于坡面 | 小于 1∶1.5 | 小于 1.2 m/s |
| 水平叠铺 | — | 大于 1∶1.5 | 1.2～1.8 m/s |
| 垂直叠铺 | 垂直于坡面 | 1∶1.5～1∶1 | 1.2～1.8 m/s |
| 斜交叠铺 | 与坡面所成角度为坡角的一半 | 小于 1∶1 | 1.2～1.8 m/s |
| 网格铺 | 采用片石铺砌成方格或拱式边框 | 小于 1∶1.5 | — |

**知识宝典**

铺草皮防护适用于防护各种土质边坡，特别是当坡面冲刷比较严重、边坡较陡（可达 60°）、水流速度大于 0.6 m/s 时，采用铺草皮防护比较适宜。

铺草皮防护施工时，应注意以下几点。

（1）在铺草皮前，应进行备料，草皮最好就近培育，如果需远距离采购，则必须保证草皮培育地气候与工程所在地相近，并且草皮应切割成整齐的块状，根土随草切断。

（2）铺草皮时，应将边坡表面挖松整平，宜随挖随铺。

（3）铺草皮应尽可能在雨季进行，不宜在冰冻时期或解冻时期进行。

3）种树防护

种树防护是指在边坡上种植树木来保护边坡，适用于防护边坡坡度不大于 1∶1.5 的各种土质边坡，以及防护风化极严重的岩石边坡，也可以与种草防护、铺草皮防护配合应用。

种树防护施工时，应注意以下几点。

（1）选择种植树木的种类宜为在当地土质和气候条件下，能够迅速生长、可抗御病虫害的低矮灌木类。

（2）为确保行车安全，在高速公路、一级公路及弯道内侧的边坡上，不得种植高大的树木。

（3）树木的种植位置及间距应根据坡面防护要求、流水速度等因素，参考有关设计手册，并结合当地的具体情况而定。

（4）树木种植宜安排在气候温暖、湿度较大的季节进行。

（5）在树木长成之前，应防止流速大于 3 m/s 的水流侵害，必要时可在树的前方设置障碍物加以保护，并适时进行洒水施肥、清除杂草等养护工作。

### 2. 工程防护

对于不适宜草木生长的较陡岩石边坡，可以采用工程防护的方法，如抹面防护、捶面防护、干砌片石防护、浆砌片石防护、喷浆及喷射混凝土防护、混凝土预制块防护等。

#### 1）抹面防护

抹面防护是指在边坡上涂抹一些浆料（如石灰炉渣灰浆、水泥石灰砂浆等）来进行防护，如图 1-66 所示。该方法适用于防护坡面较干燥、易风化，且表面较完整、无剥落的软质岩石挖方边坡。

图 1-66　抹面防护

抹面防护施工时，应注意以下几点。

（1）抹面前，应对边坡进行清理，例如，去掉风化层、浮土、松动的石块，填坑补洞，洒水湿润等。

（2）抹面厚度宜为 3～7 cm，应分两次进行，底层厚度为全厚的 2/3，面层厚度为全厚的 1/3。

（3）在较大面积上抹面时，应设置伸缩缝，伸缩缝的间距不宜大于 10 m。

（4）抹面后，为防止表面开裂，增强抗冲蚀能力，可在表面涂抹沥青进行保护。

### 2）捶面防护

捶面防护是将三合土、四合土等摊铺于坡面，然后人工夯实，形成一层封闭的隔离层，以保护坡面。该方法适用于防护易受冲刷的土质边坡或易受风化剥落的岩石边坡，边坡坡度不应大于 1∶0.5。

捶面防护施工时，应注意以下几点。

（1）施工前，应清除坡面上的浮石、松土，并填坑补洞。

（2）锤面厚度宜为 10～15 cm。

（3）摊铺三合土、四合土等前，坡面应先洒石灰水湿润，捶面时，夯拍要均匀。

（4）捶面防护不宜在寒冷季节进行。

（5）有较大面积捶面时，应设置伸缩缝，伸缩缝的间距不宜大于 10 m。

### 3）干砌片石防护

如图 1-67 所示，干砌片石防护是在边坡上铺筑片石来进行防护的。该方法适用于防护易受地表水冲刷或经常有少量地下水渗出的土质路堤边坡及土夹石边坡，边坡坡度不宜大于 1∶1.5。

图 1-67　干砌片石防护

干砌片石防护常分为单层铺砌片石防护和双层铺砌片石防护两种。具体选用哪种方式，应根据现场的边坡情况确定。

干砌片石防护施工时，应注意以下几点。

（1）干砌片石防护的厚度一般为 0.25～0.35 m，单个片石的质量应不小于 30 kg，强度应不小于 60 MPa。

（2）片石下面应设置厚度不小于 0.10 m 厚的碎石或砾石垫层。

（3）干砌片石防护基础应选用较大石块砌筑，并埋深至侧沟底。当基础与侧沟相连时，应采用水泥砂浆砌筑。

（4）施工应自下而上进行砌筑，石块之间应镶紧，接缝要相互错开，缝隙间要用小石块填满塞紧。

#### 4）浆砌片石防护

如图 1-68 所示，浆砌片石防护是指用砂浆将片石砌筑于边坡上进行防护。该方法适用于防护各种易风化的岩石边坡，边坡坡度不宜大于 1∶1。

图 1-68　浆砌片石防护

浆砌片石防护施工时，应注意以下几点。

（1）浆砌片石防护的厚度应视边坡高度及坡度而定，一般为 0.30～0.40 m。

（2）边坡过高时，应分级设置平台，每级的高度不宜大于 20 m，平台的宽度视上级护坡基础的稳固要求而定，一般不小于 1 m。

（3）浆砌片石防护还应每隔 10～15 m 设置伸缩缝，并留设一定数量的泄水孔。

**指点迷津**

> 干砌片石与浆砌片石的区别
>
> 干砌片石：片石之间没有砂浆，主要通过相互之间的嵌挤力来紧密连接。
>
> 浆砌片石：片石之间砌筑砂浆，通过砂浆的黏结力来紧密连接。

#### 5）喷浆及喷射混凝土防护

喷浆及喷射混凝土防护是指在边坡上喷射砂浆或混凝土，形成一个保护层，来防护边坡。该方法适用于防护易风化的岩石边坡和土质边坡。

喷浆及喷射混凝土防护施工时，应注意以下几点。

（1）在喷浆及喷射混凝土施工前，应清除边坡表面的松土、浮土或松动的岩石，尽量使坡面平整。

（2）在正式喷射前，应进行试喷，以确定合适的材料配比和工作参数。

（3）喷浆（见图 1-69）及喷射混凝土应自下而上进行喷射，喷枪的喷嘴应垂直于坡面，并与坡面保持 1.0 m 左右的距离。

图 1-69　喷　浆

（4）喷浆防护采用的砂浆强度等级不应低于 M10，其厚度一般为 5～10 cm。

（5）对于较陡或易风化的坡面，可以在喷浆前先铺设加筋材料，如铁丝网、土工格栅等。

（6）喷射混凝土防护一般采用强度等级不低于 C15 的水泥混凝土，其中骨料最大粒径不应大于 15 mm。

（7）混凝土的厚度一般为 8～10 cm，应分 2～3 次进行喷射。当岩石边坡表面凹凸不平或气候条件恶劣时，混凝土的厚度可增至 15 cm。

（8）为防止喷射的混凝土硬化时产生裂缝或脱落，应先在坡面上设置菱形金属网或高强度聚合物土工格栅，并采用锚杆或嵌固钉固定，然后再喷射混凝土。

6）混凝土预制块防护

如图 1-70 所示，混凝土预制块防护是指在边坡上铺筑混凝土预制块来进行防护。该方法具有施工简单方便、可美化边坡等优点，一般常用于石料短缺的地区或需要美化的路段。

图 1-70　混凝土预制块防护

混凝土预制块防护施工时，应注意以下几点。

（1）混凝土预制块的强度等级不应低于 C15，通常为边长不大于 1 m、厚度不小于 6 cm 的方块或六角块。

（2）混凝土预制块在铺筑时，板块之间的砌缝宽度宜为 1～2 cm，砌缝中应用沥青麻筋、沥青木板或聚合物合成材料填塞。

（3）混凝土预制块下面应设置碎石、砂砾垫层或土工织物，垫层的厚度应根据边坡含水量确定，干燥边坡宜为 0.10～0.15 m，较湿边坡宜为 0.15～0.25 m，潮湿边坡宜为 0.25～0.35 m。

### 1.7.2　堤岸防护施工

堤岸防护主要是对沿河路堤、滨海路堤、河滩路堤及水泽区路堤的堤岸进行防护。这些堤岸常年受到水流的冲刷、拍击，很容易导致路基失稳。因此，为了保证路基坚固、稳定，必须采用措施予以防护。堤岸防护一般有直接防护和间接防护两类。

#### 1. 直接防护

直接防护就是对堤岸直接加固，以抵抗水流的冲刷、拍击等。常用的直接防护有植物防护、干砌片石防护、浆砌片石防护、抛石防护、石笼防护等。前面介绍了前三种防护，下面主要介绍后两种防护。

##### 1）抛石防护

如图 1-71 所示，抛石防护是指直接在路堤坡脚倾倒石块进行防护，石块可以使水下边坡免受水流冲刷，防止波浪破坏路基边坡，让坡脚不会被掏空。

抛石防护施工时，应注意以下几点。

（1）所抛石料应坚硬且不易风化；粒径应大于 0.3 m，且不大于抛石厚度的 1/2。

（2）如果条件允许，石料下面最好设置碎石或砾石垫层（见图 1-72），这样可以在水位下降后，使路堤迅速干燥。

图 1-71　抛石防护

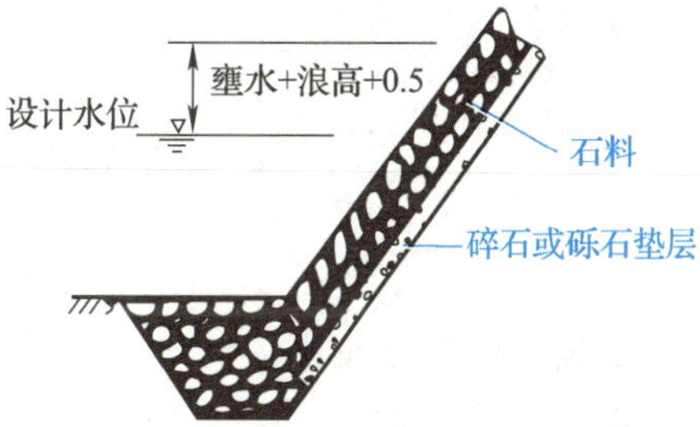


图 1-72　石料下面设置碎石或砾石垫层

（3）为增加抛石堆的密度和稳定性，宜采用粒径不同的石块掺杂抛投。

2）石笼防护

如图 1-73 所示，石笼防护是指将装填石块的笼子铺设在堤岸上，用水流挟带的泥沙填充石块的空隙，使整个石笼淤积固结成一个整体的保护层，从而防护堤岸。该方法适用于防护冲刷严重的路堤。

图 1-73　石笼防护

知识宝典

石笼防护的优点是具有较好的强度和柔性，需要的石块尺寸不用太大；缺点是耐久性较差，使用较长时间后易损坏解体。

石笼一般有长方体石笼和圆柱体石笼两种，如图 1-74 所示。长方体石笼的断面尺寸通常有两种，一种是：宽为 1.0 m，高为 1.0 m；另外一种是：宽为 1.0 m，高为 0.5 m。圆柱体石笼直径宜为 0.5～1.0 m。石笼的长度应根据现场情况而定，一般为 5～10 m。

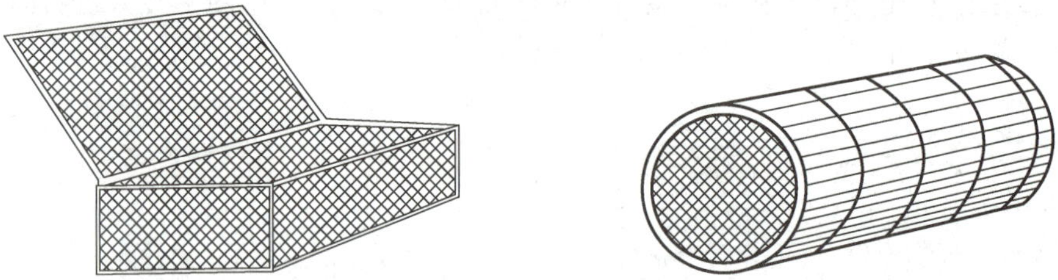

（a）　　　　　　　　　　（b）

（a）长方体石笼　（b）圆柱体石笼

图 1-74　石　笼

石笼防护施工时，应注意以下几点。

（1）石笼内装填的石料粒径应大于石笼的网孔。

（2）堤岸在铺设石笼前，应铺设碎石或卵石垫层，垫层厚度一般为 20～40 cm。

（3）石笼防护一般采用垒砌形式（见图 1-75），只有边坡坡度等于或小于 1∶2 时才采用平铺形式（见图 1-76）。

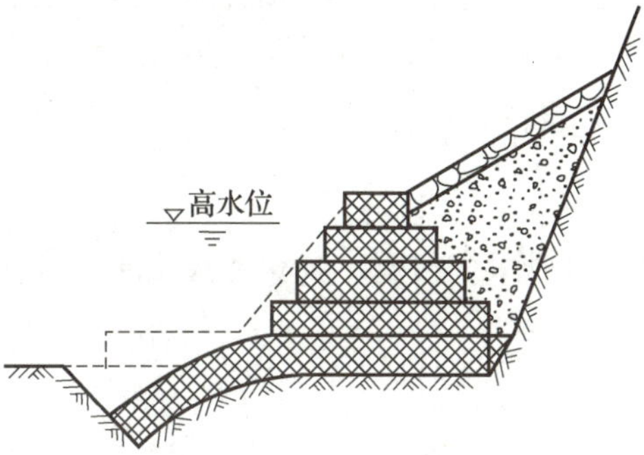


图 1-75　垒砌形式

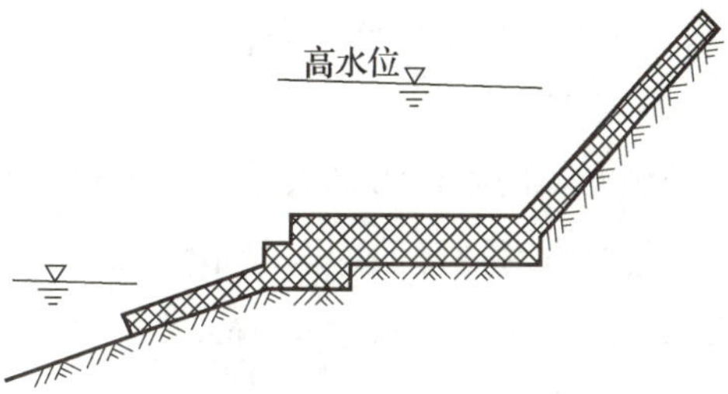


图 1-76　平铺形式

（4）为了施工方便，石笼防护应在枯水季节施工。

## 2. 间接防护

间接防护主要是通过一些方法（如建造导流构造物、改造河道等）来改变水流的方向，以达到防护堤岸的目的。

### 1）导流构造物防护

导流构造物是指可以改变水流方向的水工建筑物，主要有丁坝、顺坝等。

（1）丁坝。

丁坝由坝根、坝身、坝头三部分组成，坝根与堤岸相连、坝身与水流成一定角度、坝头伸向河槽。丁坝可以将水流挑离堤岸，从而对堤岸进行保护，如图 1-77 所示。

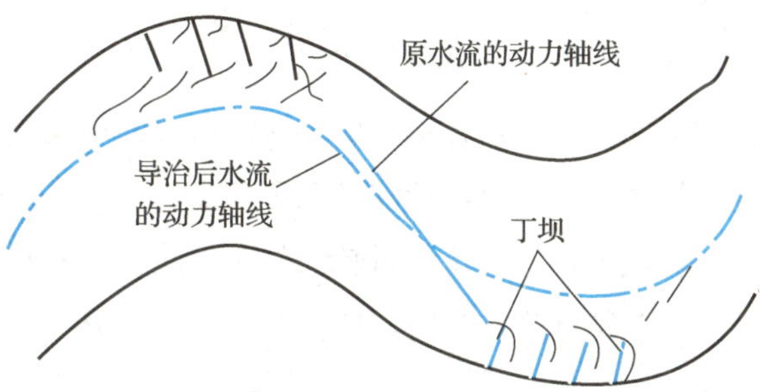


图 1-77　丁　坝

丁坝施工时，应注意以下几点。

① 丁坝可由乱石堆砌而成或由片石铺砌而成，其断面形式一般为梯形。

② 设置在下游的丁坝边坡坡度宜为 1∶1.5～1∶2，设置在上游的丁坝边坡坡度宜

为 1∶1～1∶1.5。

③ 丁坝的长度不宜太长，一般不超过河宽的 1/4。

④ 对于弯曲河段，丁坝的布置间距应为坝长的 1～2.5 倍；对于顺直河段，丁坝的布置间距应为坝长的 3～4 倍。

⑤ 丁坝的坝根应嵌入堤岸 3～5 m，以防被水流冲开使丁坝失去作用。

（2）顺坝。

顺坝一般与水流方向大致平行或有很小交角，可以束窄河槽，缓和地改变河流方向，从而减轻水流对岸堤的冲刷，如图 1-78 所示。

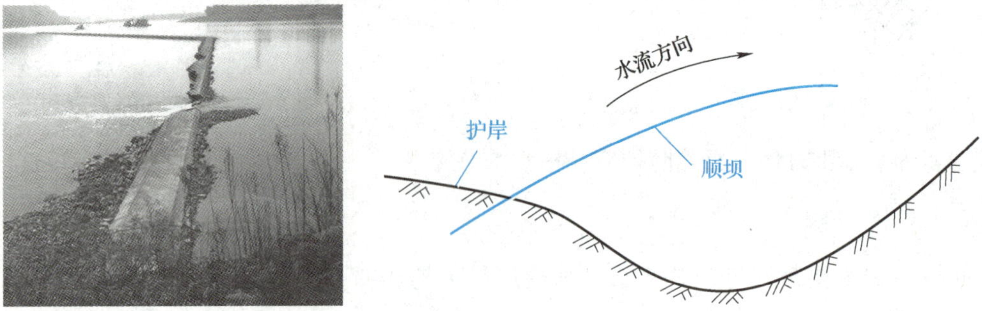


图 1-78　顺　坝

顺坝施工时，应注意以下几点。

① 顺坝的结构与丁坝基本相同，也分为坝根、坝身与坝头，断面形式也为梯形。

② 顺坝的长度应为堤岸长的 2/3。

③ 顺坝的起点应选择在水流缓和的地段，坝根应嵌入堤岸 3～5 m，终点可与岸堤连在一起。

### 2）改造河道防护

改造河道防护主要是通过改弯取直，将直接冲刷路基的水流引向指定方向，从而达到防护堤岸的目的。该方法适用于河流弯曲的地段。

改造河道施工时，应注意以下两点。

（1）改造河道的工程量较大，施工应尽量赶在洪水期前完成，以确保施工的安全。

（2）改造河道施工时，应按照设计要求开挖河道和处理弃方。

**注　意**

改造河道工程事关重大、投资较多、施工困难，采用这种防护措施前，应进行多方论证、综合比较。

## 1.7.3　支挡防护施工

支挡防护是指为保证路基在自重及各种自然因素条件下保持稳定而设置的支挡构造物。常用的支挡构造物是挡土墙（见图 1-79），其种类较多，比较常用的有石砌挡土墙和加筋土挡土墙，下面重点介绍这两种挡土墙的施工。

图 1-79　挡土墙

### 1. 石砌挡土墙

石砌挡土墙是指用石块砌筑而成的挡土墙。石砌挡土墙一般由墙身、基础、排水设施、沉降缝和伸缩缝等组成。

#### 1）墙身

墙身根据墙背的倾斜角度不同，可分为仰斜式、垂直式、俯斜式、凸形折线式及衡重式，如图 1-80 所示。

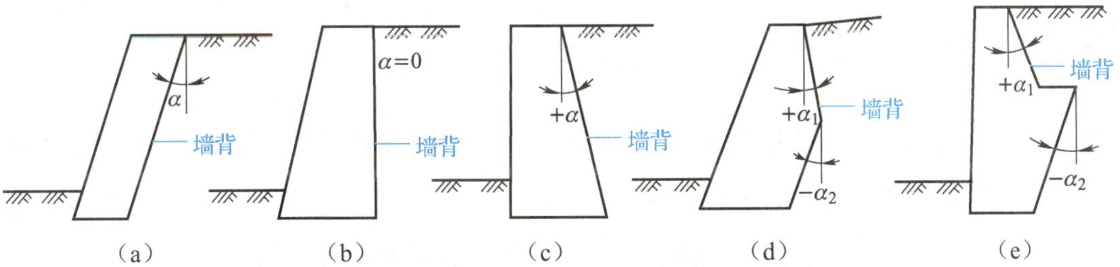


（a）仰斜式　（b）垂直式　（c）俯斜式　（d）凸形折线式　（e）衡重式

图 1-80　墙身的不同形式

仰斜式适用于路堑挡土墙，垂直式和俯斜式适用于路堤挡土墙，凸形折线式多用于路堑挡土墙或路肩挡土墙，衡重式适用于山区陡峻处路肩挡土墙和路堤挡土墙，也可用于路堑挡土墙。

#### 2）基础

挡土墙基础施工主要是确定好基础形式和基础埋置深度。

（1）基础形式。

大多数挡土墙的基础是直接砌筑在天然地基上的浅基础。当地基较软、地形平坦，而墙身又超过一定高度时，为减小基底的压力、增加挡土墙的稳定性，可将基础底部加宽成台阶形式，如图 1-81 所示。

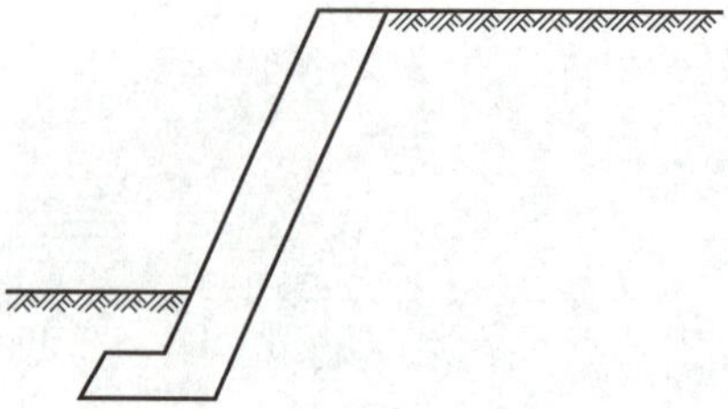

图 1-81　台阶形式的基础

（2）基础埋置深度。

基础埋置深度应保证挡土墙的稳定性，其需根据地形、地质条件来定。例如，对于土质地基上的挡土墙，无冲刷时，基础埋置在天然地面下的深度应不小于 1.0 m；有冲刷时，埋置在冲刷线下的深度应不小于 1.0 m；受冻胀影响时，埋置在冰冻线下的深度应不小于 0.25 m。

3）排水设施

挡土墙的排水设施通常由地面排水和墙身排水两部分组成。

（1）地面排水。

地面排水主要用于防止地表水渗入墙后土体或地基。采取的排水措施主要有：设置地面排水沟，以截引地表水；夯实回填土顶面和地表松土，以防止雨水和地面水下渗，必要时还可铺设砌层。

（2）墙身排水。

墙身排水主要用于排除墙后积水，可根据渗水量在墙身适当处设置泄水孔，常用的泄水孔有方形和圆形两种，如图 1-82 所示。

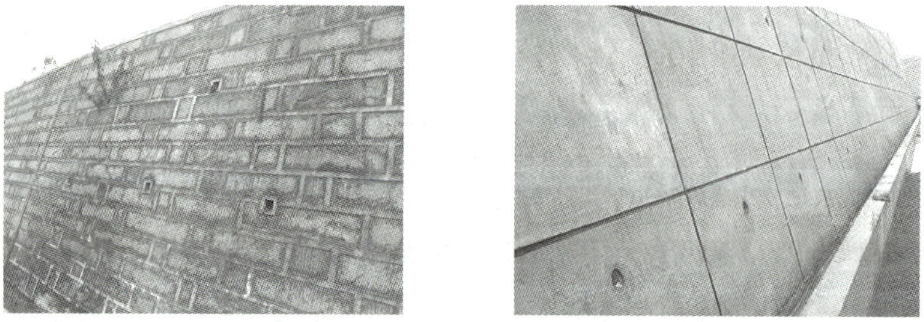

（a）　　　　　　　　（b）

（a）方形泄水孔　（b）圆形泄水孔

图 1-82　泄水孔

墙身排水施工时，应注意以下几点。

① 泄水孔的尺寸根据泄水量大小来定，可采用 5 cm×10 cm，10 cm×10 cm，15 cm×20 cm 的方孔或直径为 5～10 cm 的圆孔。

② 泄水孔间距一般为 2～3 m，上下交错设置。

③ 最下一排泄水孔的底部应高出地面 0.3 m。

④ 为了防止水分渗入地基，下排泄水孔的底部应设置 30 cm 厚的黏土层。

⑤ 泄水孔进口处应设置粗粒料反滤层，以防孔道堵塞。

#### 4）沉降缝和伸缩缝

为避免墙身因地基不均匀沉降而发生开裂，应设置沉降缝；同时，为防止砌体因收缩硬化和温度变化而产生裂缝，应设置伸缩缝。在条件允许的情况下，沉降缝和伸缩缝可结合起来设置成一条缝（称为沉降伸缩缝或变形缝），并自墙顶做到墙底，如图 1-83 所示。

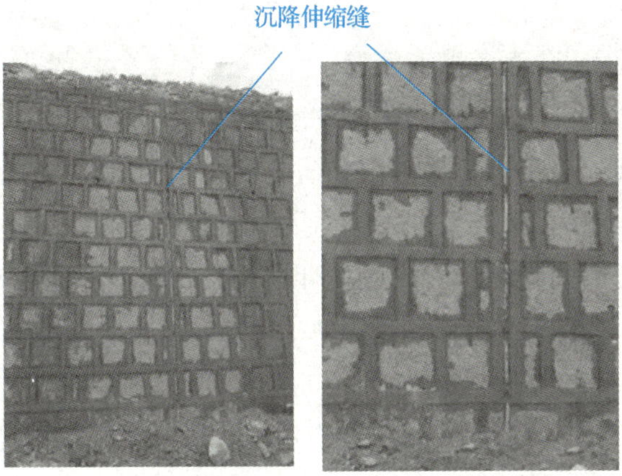


图 1-83　沉降伸缩缝

### 经验传承

沉降缝和伸缩缝的间距应根据具体情况而定，对于非岩石地基，应每隔 10～15 m 设置一道沉降缝和伸缩缝；对于岩石地基，沉降缝和伸缩缝的间距可适当增大。沉降缝和伸缩缝的宽度一般为 2～3 cm。

石砌挡土墙的施工流程一般为：施工准备→基础砌筑→墙身砌筑→排水设施设置、沉降缝和伸缩缝设置→勾缝→墙身养护→墙背回填。

### 2. 加筋土挡土墙

如图 1-84 所示，加筋土挡土墙是由面板、拉筋和填土等组成的复合挡土结构。拉筋与填土之间的摩擦力可以抵抗土体压力，面板可以约束填土。该方法一般适用于地形较为平坦且宽敞的填方路段。

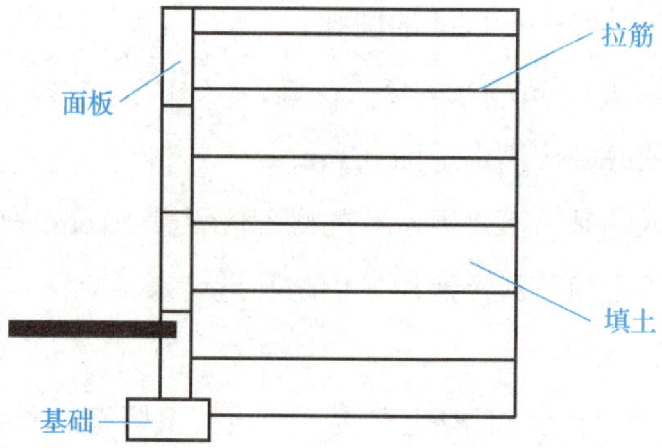


图 1-84　加筋土挡土墙

加筋土挡土墙的施工流程一般为：施工准备→基础施工→安装面板→铺设拉筋→填土→摊铺→压实。

加筋土挡土墙施工时，应注意以下几点。

（1）填土应易压实，能与拉筋产生足够的摩擦力，一般优先选用具有一定级配的砾类土、砂类土，也可采用碎石土、中低液限黏质土和稳定土等，但禁止采用腐殖土、冻结土等。

（2）拉筋应具有较高的强度，较好的柔性、韧性、抗腐蚀性、耐久性；其表面应粗糙，以便与填土产生足够的摩擦力；并且应便于加工、接长、与面板连接。常用的拉筋有钢带、钢筋混凝土带和聚丙烯土工带三种。

（3）面板应坚固、美观、运输方便、易于安装，其强度等级应不低于 C20，厚度宜为 12～20 cm。目前，加筋土挡土墙普遍采用钢筋混凝土面板，预制安装，比较典型的形式有十字形、槽形、六角形、L 形和矩形等。

## 任务实施

任务描述中提到了该公路所在地区缺乏石料，不宜采用石砌挡土墙进行防护。通过对本任务的学习，我们知道加筋土挡土墙适合防护地形平坦的填土路基。因此，该公路的路基可选用加筋土挡土墙进行防护。

加筋土挡土墙施工的大致流程如下。

### 1. 施工准备

加筋土挡土墙施工的准备工作主要包含以下几个方面。

（1）对施工场地进行勘查，并熟悉施工环境，如交通、通信、水电供应条件等。

（2）熟悉施工图纸及设计文件，并与现场情况进行核实。

（3）准备好材料、施工机具、检验仪器等。

（4）编制施工组织设计，办理开工报告，并准备好施工记录表格。

## 2. 基础施工

加筋土挡土墙的基础施工主要包含基槽开挖、基础浇筑两步。

### 1）基槽开挖

基槽开挖施工时，应注意以下几点。

（1）基槽开挖前，应进行测量定位并标出开挖线。

（2）基槽应按施工图纸要求开挖至设计标高。

（3）基槽开挖应做好防护、排水工作。

（4）当基槽底部土质为碎石土、砂性土、黏性土等时，应整平夯实。

### 2）基础浇筑

基础浇筑施工时，应注意以下几点。

（1）基槽开挖后，有关人员应验槽确认，符合设计要求后，方可进行基础浇筑工序。

（2）基础一般为现浇混凝土，施工时应分段浇筑。

（3）基础浇筑时，应按设计要求预留沉降缝。

## 3. 安装面板

面板一般在预制厂进行制作，然后运到施工现场进行安装，安装步骤大致如下。

（1）在基础上准确画出面板外缘线。

（2）在确定的外缘线上定点，并进行水平测量。

（3）用人工或机械吊装面板就位，并用 M5 或 M7.5 水泥砂浆砌筑调平，如图 1-85 所示。

图 1-85　安装面板

**注 意**

安装的面板应符合设计要求的垂度、坡度。

### 4. 铺设拉筋

如图 1-86 所示，将拉筋的一端从面板的预留孔中穿过，折回与另一端对齐并绑扎，以防抽动。

图 1-86 铺设拉筋

铺设拉筋时，应注意以下几点。

（1）铺设时避免拉筋在孔上绕成死结。

（2）拉筋应铺设在压实平整的填土上，不宜重叠，不得卷曲或折曲。

（3）拉筋不得与硬质填土直接接触。

（4）在铺设时，用夹具将拉筋拉直，再用少量填土压住，使之固定并保持正确位置。

### 5. 填土、摊铺和压实

铺设拉筋后，应进行填土，并根据拉筋的竖向间距进行分层摊铺，然后压实。

## 素质讲堂

### 一砖一瓦“砌”出劳模路

2021 年 9 月 17 日晚上 8 点，在工地刚刚结束一天工作的杨云捧着一碗稀饭，狼吞虎咽地喝下。杨云 2011 年入职重庆涪陵兴达实业（集团）有限公司。至 2021 年，他已经从一名基层农民工成长为班组带头人，并在 2017 年荣获全国五一劳动奖章、2019 年荣获“中国好人”荣誉称号，2020 年被评选为全国劳动模范。

刚开始接触泥瓦工，杨云只能做些提灰桶、递工具的杂活。“看师傅做得多了，心里觉得砌墙和抹灰也并不难。”然而，第一次尝试独立砌墙时，还没砌好墙就倒了。那时，杨云才明白，看似简单的砌墙、抹灰，这其中也有不少学问。

在班组里，杨云是出了名的爱钻研。一位工友表示，常常看到他在施工图纸上比比画画，最开始大家都不解，并不复杂的图纸哪里需要研究那么久。而当看到图纸上每一个符号、每一个数据都被进行了精准解读的记录后，大家从不解变成了佩服。

正是因为善于钻研，杨云在工作中发明了很多机械设备，革新了很多传统工艺，不仅提高了工作效率，还为公司项目部累计节约了上千万元的成本。

工友们都喜欢称杨云为“拼命三郎”，因为工作中他总是冲锋在前，吃苦耐劳。

有一次，项目部要求两天内完成长约150 m、宽8 m的挡墙基础清理。当时正值梅雨季节，在野外淤泥成山的环境下按期完成几乎不可能。杨云二话没说，直接就跳进了泥泞的基坑内，在夹着野草腐烂味的黏稠淤泥中，挥动着铁铲足足干了两天两夜，最终完成了“不可能”完成的任务。

在另一次抢工任务中，杨云带领的班组接到了“必须在一个月之内完成砌砖”的要求。当时，正处于重庆的酷暑时节。为了完成任务，他和工友们总是天不亮就开工，抢在气温升起来之前多干一些，然后等到太阳落山后，又连夜加班。“我们吃在工地、住在工地。平时一天最多砌5方砖，那次我们一天砌8方砖。”他解释道。1方砖差不多就是800多块，换言之，那次抢工每天要砌6 000多块砖。

十年如一日的担当与敬业精神，杨云靠行动感染了身边很多人，工友们都愿意跟着他干、学着他干。这些年，他先后培养出行业砖工能手100余人，抹灰能手150余人。

“劳动是光荣的，为他人的幸福而劳动是我的人生追求。”杨云说，他一直坚持“人凡事不凡”理念，只要踏踏实实做事，兢兢业业工作，平凡的岗位也会创造不平凡的成绩。

（资料来源：http://acftu.people.com.cn/n1/2021/0924/c67502-32235426.html，有改动）

## 复习思考题

### 1. 选择题

（1）________不属于建立施工组织机构的原则。

A. 层次要少　　B. 人员要多

C. 机构要小　　D. 人员要精

（2）填方路基也称为________，它高于原地面，经填筑形成。

A. 路床　　B. 半路堤

C．路堑　　D．路堤

（3）________是指按纵坡方向逐层推土填筑。

A．横向全高填筑　　B．联合填筑

C．纵坡分层填筑　　D．水平分层填筑

（4）先沿路堑纵向挖出一条通道，然后将通道向两侧拓宽，以扩大工作面的开挖方法是________。

A．分层纵挖法　　B．通道纵挖法

C．横挖法　　D．分段纵挖法

（5）________主要用于岩体裂缝较多、体积较小、抗压强度低于 100 MPa 的工程。

A．爆破法　　B．松土法

C．破碎法　　D．横挖法

（6）土在________时，对应的密度为最大干密度，此时压实效果最佳。

A．最大含水量　　B．最小含水量

C．最佳含水量　　D．无法确定

（7）________是指用一定方法将路基范围内的软土层挖除，然后回填强度高、压缩性低、稳定性好的材料，并分层压实至规定的密实度

A．换填法　　B．袋装砂井法

C．抛石挤淤法　　D．塑料排水板法

（8）用透水型土工织物长袋装上砂子，设置在软土地基中形成排水砂柱，以促进软土排水固结的方法是________。

A．换填法　　B．袋装砂井法

C．抛石挤淤法　　D．塑料排水板法

（9）________又称为天沟，一般布置在路堑边坡或山坡路堤上侧，用以拦截山坡上流向路基的水。

A．截水沟　　B．跌水

C．边沟　　D．排水沟

（10）下面不属于坡面防护的是________。

A．种草防护　　B．混凝土预制块防护

C．捶面防护　　D．石笼防护

### 2．填空题

（1）路堤填筑方式一般有____________、____________ 和联合填筑三种。

（2）根据掘进方向不同，土方路堑的开挖方法一般可分为__________、__________和混合开挖法。

（3）常用的路基压实机械可分为____________、____________和____________三大类。

（4）____________是指在路基的两侧（或一侧）填筑一定高度与宽度的护道，在护道荷载的作用下，形成反向力矩来平衡路基填土的滑动力矩，从而保证路基的稳定。

（5）堤岸防护一般有__________和__________两类。

### 3. 简答题

（1）简述土方路堑开挖的一般要求。

（2）简述土路基的压实机理。

（3）什么是抛石挤淤法？

（4）渗水井施工时应注意哪几点？

# 项目2

# 路面施工

## 导读

路面是铺筑在路基顶面的结构物，一方面可以保护路基，使其长期处于稳定的状态，另一方面还可以提高道路的平整度。路面施工质量的好坏会直接影响车辆行驶的安全性与舒适性，甚至影响公路的使用寿命。因此，必须重视路面施工，确保质量。

### 知识目标

（1）了解路面结构。

（2）熟悉路面基层的施工方法。

（3）掌握沥青面层的施工方法。

（4）掌握水泥混凝土面层的施工方法。

### 技能目标

（1）能进行不同类型路面基层的施工。

（2）能进行沥青面层施工。

（3）能进行水泥混凝土面层施工。

### 素质目标

（1）具有深厚的爱国情感和中华民族自豪感。

（2）树立严谨、务实的学习和工作态度。

（3）树立爱岗敬业、团结协作、实事求是、认真负责的工作作风。

（4）树立遵纪守法、安全生产、文明作业的职业意识。

# 任务 2.1 认识路面

## 任务导入

近些年来，随着社会的发展，道路的路面不再是单一的黑、灰色，很多城市道路的路面穿上了“彩色”的外套，如红色、黄色、橙色等。由于彩色路面具有丰富的色彩和较高的辨识度，使其不仅可以美化交通环境，还可以用于湿滑路段、匝道出入口、紧急停车带、专用通道等路段，更好地诱导交通，减少行车安全事故的发生。

想一想：除了颜色，彩色路面与普通路面还有不同之处吗？它们是如何施工的呢？

## 相关知识

### 2.1.1 路面的一般要求

路面一般应具备如下要求。

（1）路面应具有一定的强度和刚度。强度是指路面抵抗破坏（如裂缝、沉陷等）的能力，刚度是指路面抵抗变形的能力。

（2）路面应具有一定的稳定性，即在外界因素（气温、雨水）的不断影响下，其能保持设计所要求的几何形态、物理性质及力学性质。

（3）路面应具有一定的耐久性、较长的寿命，从而减少养护维修费用。

（4）路面应具有一定的平整度，因为不平整会增大行车阻力，影响行车速度、安全及平稳性，降低乘客的舒适度，同时还会增加车辆对路面的冲击，从而加剧路面破坏、轮胎磨损及车辆机件的损坏。

（5）路面应具有一定的抗滑性能，使车轮与路面之间有足够的附着力或摩擦力，从而保证车辆能紧急制动。

### 2.1.2 路面的结构

路面通常是多层结构，从上到下分别为面层、基层和垫层，如图 2-1 所示。

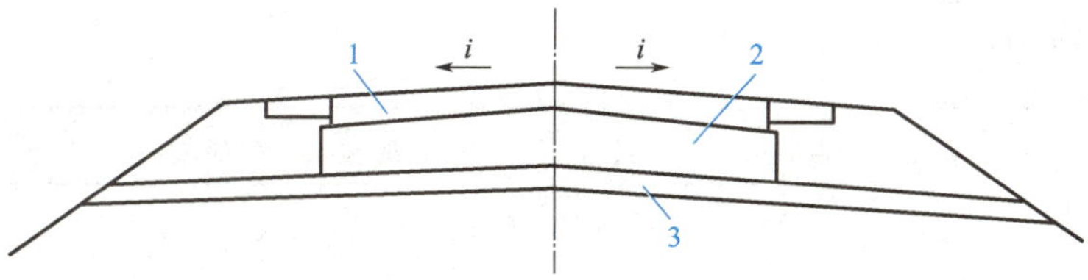


i—路拱横坡度；1—面层；2—基层；3—垫层。

图 2-1　路面的结构

## 1. 面层

面层是直接与车辆、大气接触的结构层，其直接承受车辆荷载的反复作用和自然因素的影响，应具有足够的强度、稳定性、耐磨性、不透水性、抗滑性和平整度。

面层可由一层或数层组成，所用材料主要有沥青碎（砾）石混合料、沥青混凝土、水泥混凝土等。

## 2. 基层

基层设置在面层之下，承受由面层传递下来的车辆荷载作用，并将其传递给垫层和路基。基层是路面结构中的承重层，它应具有一定抗压强度、耐久性和良好的扩散应力的能力。基层可能会经受地下水和地表水的浸湿，所以还应具有足够的水稳定性。

基层所用材料主要可分为无机结合料稳定类、粒料类和沥青类等，具体如表 2-1 所示。

表 2-1　基层所用材料

| 材料类型 | 具体材料名称 | 适用荷载 |
| --- | --- | --- |
| 无机结合料稳定类 | 水泥稳定级配碎石或砾石、水泥粉煤灰稳定级配碎石或砾石、石灰粉煤灰稳定级配碎石或砾石 | 各种荷载等级的基层 |
|  | 水泥稳定未筛分碎石或砾石、石灰粉煤灰未筛分碎石或砾石、石灰稳定未筛分碎石或砾石 | 轻荷载等级的基层 |
|  | 水泥稳定土、石灰稳定土、石灰粉煤灰稳定土 | 轻荷载等级的基层 |
| 粒料类 | 级配碎石 | 重荷载等级的基层 |
|  | 级配砾石、未筛分碎石、天然砂砾、填隙碎石 | 中等和轻荷载等级的基层 |
| 沥青类 | 密级配沥青碎石、半开级配沥青碎石、开级配沥青碎石 | 极重、特重荷载等级的基层 |
|  | 沥青贯入碎石 | 重荷载等级的基层 |

### 知识宝典

基层下面一般会设置底基层，起次要承重作用。底基层有时会包含在基层内。

#### 3. 垫层

垫层是设置在基层下，与路基直接接触的结构层。垫层可以起到隔水、防冻等作用。例如，在地下水位较高地区铺设垫层，能起隔水作用；在冰冻较深地区铺设垫层，能起防冻作用。此外，垫层还能扩散由基层传递下来的应力，以免路基变形，也能阻止路基土挤入基层中，从而防止基层结构遭受破坏。

垫层所用材料通常有两类：一类是松散粒料，如由砂、砾石和炉渣等组成的透水性垫层；另一类是整体性材料，如由石灰土或炉渣石灰土等组成的稳定性垫层。

### 提 示

不是所有路面都需要设置垫层，各种路面可根据具体情况进行设置。

## 任务实施

（1）将全班学生分成若干组，每组4～5人，并选出小组负责人。

（2）小组负责人带领组员温习本任务的相关知识。

（3）老师组织所有小组进行知识竞赛，即老师提出与本任务内容相关的问题，如“简述路面的结构”等，各小组进行抢答。

（4）竞赛结束后，老师按表2-2给各小组进行打分。

表2-2 活动评价表

| 评分标准 | 满分 | 实际得分 | 备注 |
| --- | --- | --- | --- |
| 积极参与活动 | 20 | | |
| 抢答内容正确 | 40 | | |
| 表述流畅 | 20 | | |
| 其他 | 20 | | |
| 总分 | 100 | | |

# 任务 2.2　路面基层施工

## 任务导入

2019 年 11 月 22 日，山东日照市五莲县的韩冯路支线路面基层摊铺施工圆满完成。自基层施工以来，项目部抢抓入冬前黄金施工期，克服施工难点、疏通项目堵点，加班加点、压茬推进，抢在了寒冬到来前完成关键施工节点，为后续沥青路面施工打下了基础。

想一想：韩冯路支线路面基层施工为什么要赶在寒冬来临之前完成呢？它是如何施工的呢？

## 相关知识

### 2.2.1　路面基层的类型

目前，使用广泛的路面基层类型主要有半刚性基层和粒料基层两大类。

#### 1. 半刚性基层

半刚性基层通常包括水泥稳定土基层、石灰稳定土基层、石灰工业废渣稳定土基层三种，其显著特点是抗冻性优、整体性强、承载力高、刚度较大、水稳性好，是我国高等级公路路面基层的主要结构形式。

##### 1）水泥稳定土基层

（1）定义。

土中掺入足量的水泥、水形成混合料，经过拌和、压实、养护后，当抗压强度达到规定时，即可得到水泥稳定土，利用水泥稳定土建成的基层称为水泥稳定土基层。

水泥稳定土基层中的土可为细粒土、中粒土或粗粒土。当采用细粒土时，得到的混合料称为水泥土；当采用中粒土和粗粒土时，得到的混合料分别称为水泥砂砾、水泥碎石。

**提　示**

水泥稳定土适用于各级公路的基层和底基层。

（2）主要材料要求。

① 土。

水泥稳定土基层所用的土应满足以下要求。

a．土的质量指标（如最大粒径、液限、塑性指数、均匀系数、压碎值、有机质含量、硫酸盐含量等）应符合表 2-3 所示的要求。

表 2-3　水泥稳定土基层所用土的质量指标

| 项目 | 高速公路、一级公路 | | 二级及二级以下公路 | |
|---|---|---|---|---|
| | 基层 | 底基层 | 基层 | 底基层 |
| 最大粒径/mm | ≤31.5 | ≤37.5 | ≤37.5 | ≤53 |
| 液限/% | <28 | ≤40 | — | ≤40 |
| 塑性指数 | <9 | ≤17 | — | ≤17 |
| 均匀系数 | — | >5 | >10 | >5 |
| 压碎值/% | 30 | | ≤35 | ≤40 |
| 有机质含量/% | ≤2 | | | |
| 硫酸盐含量/% | ≤0.25 | | | |

b．水泥稳定土基层用作高速公路和一级公路基层时，土的单个颗粒最大粒径不得超过 31.5 mm，其颗粒组成应满足表 2-4 所示的 3 号级配要求。

表 2-4　水泥稳定土基层的颗粒组成

| 筛孔尺寸/mm | 通过筛孔尺寸的质量百分率/% | | |
|---|---|---|---|
| | 1 号级配 | 2 号级配 | 3 号级配 |
| 37.5 | 100 | 100 | |
| 31.5 | | 90～100 | 100 |
| 26.5 | | | 90～100 |
| 19.0 | | 67～90 | 72～89 |
| 9.50 | | 45～68 | 47～67 |
| 4.75 | 50～100 | 29～50 | 29～49 |
| 2.36 | | 18～38 | 17～35 |
| 0.60 | 17～100 | 8～22 | 8～22 |
| 0.075 | 0～30 | 0～7 | 0～7 |

c．水泥稳定土基层用作高速公路和一级公路底基层时，土的单个颗粒最大粒径不得超过 37.5 mm，其颗粒组成应满足表 2-4 所示的 1 号级配要求。

d．水泥稳定土基层用作二级及二级以下公路基层时，土的单个颗粒最大粒径不得超过 37.5 mm，其颗粒组成应满足表 2-5 所示的要求。对于其中的二级公路，基层的颗粒组成宜接近表 2-5 所示级配的下限或者满足表 2-4 所示的 2 号级配要求。

表 2-5　水泥稳定土基层用作二级及二级以下公路基层时的颗粒组成

| 筛孔尺寸/mm | 通过筛孔尺寸的质量百分率/% | 筛孔尺寸/mm | 通过筛孔尺寸的质量百分率/% |
|---|---|---|---|
| 37.5 | 90～100 | 2.36 | 20～70 |
| 26.5 | 66～100 | 1.18 | 14～57 |
| 19.0 | 54～100 | 0.60 | 8～47 |
| 9.50 | 39～100 | 0.075 | 0～30 |
| 4.75 | 28～84 | | |

e．水泥稳定土基层用作二级及二级以下公路底基层时，土的单个颗粒最大粒径不得超过 53 mm，其颗粒组成应满足表 2-6 所示的要求。

表 2-6　水泥稳定土基层用作二级及二级以下公路底基层时的颗粒组成

| 筛孔尺寸/mm | 53 | 4.75 | 0.6 | 0.075 | 0.002 |
|---|---|---|---|---|---|
| 通过筛孔尺寸的质量百分率/% | 100 | 50～100 | 17～100 | 0～50 | 0～30 |

② 水泥。

水泥稳定土基层采用的水泥宜为普通硅酸盐水泥、矿渣硅酸盐水泥和火山灰质硅酸盐水泥，并且水泥的初凝时间应大于 3 h，终凝时间应大于 6 h。

③ 水。

水泥稳定土基层采用的水可为人或动物的饮用水。

### 2）石灰稳定土基层

（1）定义。

土中掺入足量的石灰、水形成混合料，经过拌和、压实、养护后，当抗压强度达到规定时，即可得到石灰稳定土，利用石灰稳定土建成的基层称为石灰稳定土基层。

石灰稳定土基层中的土可为细粒土、中粒土或粗粒土。当采用细粒土时，得到的混合料称为石灰土；当采用中粒土和粗粒土时，得到的混合料视原材料而定，如果原材料是天然砂砾土或级配砂砾，则混合料称为石灰砂砾土，如果原材料是碎石土或级配碎石，则混合料称为石灰碎石土。

提 示

石灰稳定土适用于各级公路的底基层，以及二级和二级以下公路的基层。

（2）主要材料要求。

① 土。

石灰稳定土基层所用土应满足如下要求。

a．土的质量指标（最大粒径、压碎值、有机质含量、硫酸盐含量）应符合表 2-7 所示的要求。

表 2-7 石灰稳定土基层所用土的质量指标

| 项目 | 高速公路、一级公路底基层 | 其他公路 | | |
|---|---|---|---|---|
| | | 二级公路基层 | 二级以下公路基层 | 底基层 |
| 最大粒径/mm | ≤37.5 | ≤37.5 | ≤37.5 | ≤53 |
| 压碎值/% | ≤40 | ≤30 | ≤35 | ≤40 |
| 有机质含量/% | ≤10 | | | |
| 硫酸盐含量/% | ≤0.8 | | | |

b．石灰稳定土基层所用土宜为塑性指数为 15～20 的黏性土，以及含有一定数量黏性土的中粒土和粗粒土。

② 石灰。

石灰应是生石灰、消石灰，其技术指标应符合表 2-8、表 2-9 所示的要求。

表 2-8 生石灰的技术指标

| 项目 | 钙质生石灰 | | | 镁质生石灰 | | |
|---|---|---|---|---|---|---|
| | 等级 | | | | | |
| | Ⅰ | Ⅱ | Ⅲ | Ⅰ | Ⅱ | Ⅲ |
| 有效钙加氧化镁含量/% | ≥85 | ≥60 | ≥70 | ≥80 | ≥75 | ≥65 |
| 未消化残渣含量/% | ≤7 | ≤11 | ≤17 | ≤10 | ≤14 | ≤20 |
| 氧化镁含量/% | ≤5 | | | >5 | | |

表 2-9 消石灰的技术指标

| 项目 | 钙质消石灰 | | | 镁质消石灰 | | |
|---|---|---|---|---|---|---|
| | 等级 | | | | | |
| | Ⅰ | Ⅱ | Ⅲ | Ⅰ | Ⅱ | Ⅲ |
| 有效钙加氧化镁含量/% | ≥65 | ≥60 | ≥55 | ≥60 | ≥55 | ≥50 |

（续表）

| 项目 | | 钙质消石灰 | | | 镁质消石灰 | | |
|---|---|---|---|---|---|---|---|
| | | 等级 | | | | | |
| | | Ⅰ | Ⅱ | Ⅲ | Ⅰ | Ⅱ | Ⅲ |
| 含水量/% | | ≤4 | ≤4 | ≤4 | ≤4 | ≤4 | ≤4 |
| 细度/% | 0.71 mm 方孔筛的筛余 | 0 | ≤1 | ≤1 | 0 | ≤1 | ≤1 |
| | 0.125 mm 方孔筛的筛余 | ≤13 | ≤20 | — | ≤13 | ≤20 | — |
| 氧化镁含量/% | | ≤4 | | | >4 | | |

③ 水。

石灰稳定土基层采用的水可为人或动物的饮用水。

### 3）石灰工业废渣稳定土基层

（1）定义。

石灰和粉煤灰（或石灰和煤渣）与其他集料混合，加入适量的水形成混合料，经过拌和、压实、养护后，当抗压强度达到规定时，即可得到石灰工业废渣稳定土，利用石灰工业废渣稳定土建成的基层称为**石灰工业废渣稳定土基层**。

石灰工业废渣稳定土基层的混合料主要可分为两类，一类是石灰粉煤灰类混合料，另一类是石灰煤渣类混合料。

石灰粉煤灰类混合料包含的种类如表 2-10 所示。

表 2-10　石灰粉煤灰类混合料的种类

| 种类 | 石灰粉煤灰 | 石灰粉煤灰土 | 石灰粉煤灰砂 |
|---|---|---|---|
| 组成 | 石灰、粉煤灰、水 | 石灰、粉煤灰、土、水 | 石灰、粉煤灰、砂、水 |
| 简称 | 二灰 | 二灰土 | 二灰砂 |

石灰煤渣类混合料包含的种类如表 2-11 所示。

表 2-11　石灰煤渣类混合料的种类

| 种类 | 石灰煤渣 | 石灰煤渣土 | 石灰煤渣碎石 | 石灰煤渣砾石 |
|---|---|---|---|---|
| 组成 | 石灰、煤渣、水 | 石灰、煤渣、土、水 | 石灰、煤渣、碎石、水 | 石灰、煤渣、砾石、水 |

（2）主要材料要求。

① 石灰。

石灰应是消石灰和生石灰，其技术指标应符合表 2-8、表 2-9 所示的III级。

② 粉煤灰。

粉煤灰是火力发电厂燃烧煤粉产生的粉状灰渣。石灰工业废渣稳定土基层所用的粉煤灰应符合下列要求。

a．二氧化硅、三氧化二铝和三氧化二铁的总含量应大于 70%，其烧失量不应超过 20%。

b．粉煤灰的比表面积应大于 2 500 $cm^2/g$。

c．干粉煤灰和湿粉煤灰均可用于石灰工业废渣稳定土基层，但湿粉煤灰的含水率不宜超过 35%。

③ 煤渣。

石灰工业废渣稳定土基层所用煤渣的最大粒径应不大于 30 mm，其颗粒组成宜有一定的级配，且不宜含有杂质。

④ 土。

石灰工业废渣稳定土基层采用的土宜为塑性指数为 12～20 的黏性土（亚黏土），土块粒径的最大尺寸不应大于 15 mm，有机质含量不宜超过 10%。

⑤ 水。

石灰工业废渣稳定土基层采用的水可为人或动物的饮用水。

## 2. 粒料基层

粒料基层主要包括级配碎石基层、级配砾石基层和填隙碎石基层。

### 1）级配碎石基层

（1）定义。

粗、中、细碎石集料和石屑按一定比例混合形成混合料，当其颗粒组成符合规定密实级配，经过拌和、压实、养护后，抗压强度达到规定要求时，即可得到级配碎石，利用级配碎石建成的基层称为级配碎石基层。

（2）主要材料要求。

级配碎石基层所用的材料应满足如下要求。

① 用于二级及二级以上公路基层和底基层的级配碎石，应由预先筛分的几组不同粒径碎石（如粒径为 37.5～19 mm，19～9.5 mm，9.5～4.75 mm 的碎石）及粒径为 4.75 mm 以下的石屑组配而成。

② 用于二级以下公路基层和底基层的级配碎石，可由未筛分的碎石和石屑组配而成。

## 知识宝典

未筛分的碎石是指将粒径大小不一的碎石仅用一个与规定最大工程粒径相符的筛，筛去超尺寸颗粒后，得到的碎石混合料。

③ 当缺乏石屑时，可以用细砂砾或粗砂代替，但尺寸要符合要求。

④ 轧制碎石的材料可以是各种类型的坚硬岩石、圆石或矿渣。

⑤ 碎石中针片状颗粒的总含量不得超过 20%，不应有黏土块、植物等物质。

⑥ 石屑或其他细集料可以使用一般碎石场的细筛余料，如图 2-2 所示。

图 2-2　碎石场的细筛余料

⑦ 级配碎石所用石料的最大粒径和压碎值应满足表 2-12 所示的要求。

表 2-12　级配碎石所用石料的最大粒径和压碎值

| 项目 | 高速公路、一级公路 | | 二级公路 | | 二级以下公路 | |
|---|---|---|---|---|---|---|
| | 基层 | 底基层 | 基层 | 底基层 | 基层 | 底基层 |
| 最大粒径/mm | ≤ 31.5 | ≤ 37.5 | ≤ 37.5 | ≤ 53 | ≤ 37.5 | ≤ 53 |
| 压碎值/% | ≤ 26 | ≤ 30 | ≤ 30 | ≤ 35 | ≤ 35 | ≤ 40 |

⑧ 级配碎石用作二级及二级以下公路基层时，其颗粒组成、液限、塑性指数应满足表 2-13 所示的 1 号级配要求；级配碎石用作高速公路和一级公路基层时，其颗粒组成、液限、塑性指数应满足表 2-13 所示的 2 号级配要求。

表 2-13　级配碎石用作基层时的颗粒组成、液限、塑性指数

| 项目 | | 通过筛孔尺寸的质量百分率/% | |
|---|---|---|---|
| | | 1 号级配 | 2 号级配 |
| 筛孔尺寸/mm | 37.5 | 100 | |
| | 31.5 | 90～100 | 100 |

（续表）

| 项目 | | 通过筛孔尺寸的质量百分率/% | |
|---|---|---|---|
| | | 1 号级配 | 2 号级配 |
| 筛孔尺寸/mm | 19.0 | 73～88 | 85～100 |
| | 9.5 | 49～69 | 52～74 |
| | 4.75 | 29～54 | 29～54 |
| | 2.36 | 17～37 | 17～37 |
| | 0.6 | 8～20 | 8～20 |
| | 0.075 | 0～7 [a] | 0～7 [a] |
| 液限/% | | ＜28 | ＜28 |
| 塑性指数 | | ＜6 或 9 [b] | ＜6 或 9 [b] |

注：a．对于无塑性的混合料，粒径小于 0.075 mm 的颗粒含量应接近高限，使压实后的基层透水性小。

b．潮湿多雨地区的塑性指数宜小于 6，其他地区的塑性指数宜小于 9。

⑨ 级配碎石用作二级和二级以下公路的底基层时，其颗粒组成、液限、塑性指数应满足表 2-14 所示的 1 号级配要求；级配碎石用作高速公路和一级公路的底基层时，其颗粒组成、液限、塑性指数应满足表 2-14 所示的 2 号级配要求。

表 2-14　级配碎石用作底基层时的颗粒组成、液限、塑性指数

| 项目 | | 通过筛孔尺寸的质量百分率/% | |
|---|---|---|---|
| | | 1 号级配 | 2 号级配 |
| 筛孔尺寸/mm | 53 | 100 | |
| | 37.5 | 85～100 | 100 |
| | 31.5 | 69～88 | 83～100 |
| | 19.0 | 40～65 | 54～84 |
| | 9.5 | 19～43 | 29～59 |
| | 4.75 | 10～30 | 17～45 |
| | 2.36 | 8～25 | 11～35 |
| | 0.6 | 6～18 | 6～21 |
| | 0.075 | 0～10 | 0～10 |
| 液限/% | | ＜28 | ＜28 |
| 塑性指数 | | ＜6 或 9 | ＜6 或 9 |

注：潮湿多雨地区的塑性指数宜小于 6，其他地区的塑性指数宜小于 9。

⑩ 在塑性指数偏大的情况下，塑性指数与 0.5 mm 以下粒径细粒土含量的乘积应满足如下规定。

a．在年降雨量小于 600 mm 的干旱地区，如果地下水位对土基（即土质路基）没有影响，则乘积应不大于 120。

b．在潮湿多雨地区，乘积应不大于 100。

### 2）级配砾石基层

（1）定义。

粗、中、细砾石集料和砂按一定比例混合形成混合料，当其颗粒组成符合规定密实级配，经过拌和、压实、养护后，抗压强度达到规定要求时，即可得到级配砾石，利用级配砾石建成的基层称为级配砾石基层。

（2）主要材料要求。

级配砾石所用的材料应满足如下要求。

① 级配砾石用作基层时，其颗粒组成、液限、塑性指数应满足表 2-15 所示的要求。

表 2-15　级配砾石基层的颗粒组成、液限、塑性指数

| 项目 | | 通过筛孔尺寸的质量百分率/% | | |
|---|---|---|---|---|
| | | 1 号级配 | 2 号级配 | 3 号级配 |
| 筛孔尺寸/mm | 53.0 | 100 | | |
| | 37.5 | 90～100 | 100 | |
| | 31.5 | 81～84 | 90～100 | 100 |
| | 19.0 | 63～81 | 73～88 | 85～100 |
| | 9.50 | 45～66 | 49～69 | 52～74 |
| | 4.75 | 27～51 | 29～54 | 29～54 |
| | 2.36 | 16～35 | 17～37 | 17～37 |
| | 0.60 | 8～20 | 8～20 | 8～20 |
| | 0.075 | 0～7 | 0～7 | 0～7 |
| 液限/% | | <28 | <28 | <28 |
| 塑性指数 | | <6 或 9 | <6 或 9 | <6 或 9 |

注：潮湿多雨地区的塑性指数宜小于 6，其他地区的塑性指数宜小于 9。

② 级配砾石用作底基层时，其颗粒组成应满足表 2-16 所示的要求，液限应小于 28%，塑性指数应小于 9。

表 2-16　级配砾石底基层的颗粒组成

| 筛孔尺寸/mm | 53.0 | 37.5 | 9.50 | 4.75 | 0.60 | 0.075 |
|---|---|---|---|---|---|---|
| 通过筛孔尺寸的质量百分率/% | 100 | 80～100 | 40～100 | 25～85 | 8～45 | 0～15 |

③ 砾石颗粒中针状和片状颗粒的含量不应超过 20%。

④ 在塑性指数偏大的情况下，塑性指数与 0.5 mm 以下细粒土含量的乘积应满足如下规定。

a．在年降雨量小于 600 mm 的干旱地区，如果地下水位对土基没有影响，则乘积应不

大于 120。

b．在潮湿多雨地区，乘积应不大于 100。

### 3）填隙碎石基层

（1）定义。

填隙碎石基层是指用单一尺寸的粗碎石和石屑分层铺筑而成的基层。其中，单一尺寸的粗碎石作主骨料，形成嵌锁结构，起承受和传递车辆荷载的作用；石屑作填隙料，填满碎石间的孔隙，增加密实度和稳定性，如图 2-3 所示。

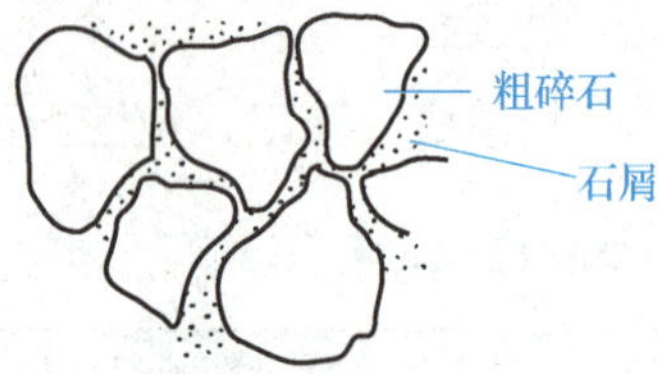


图 2-3　填隙碎石

（2）主要材料要求。

填隙碎石所用的材料应满足如下要求。

① 填隙碎石用作基层时，粗碎石的最大粒径不应超过 53.0 mm；填隙碎石用作底基层时，粗碎石的最大粒径不应超过 63.0 mm。

② 粗碎石可以用具有一定强度的各种岩石或漂石轧制，也可以用矿渣轧制。

③ 粗碎石的颗粒组成应满足表 2-17 所示的要求。

表 2-17　粗碎石的颗粒组成

| 编号 | 标称尺寸/mm | 筛孔尺寸/mm | | | | | | | |
|---|---|---|---|---|---|---|---|---|---|
| | | 63.0 | 53.0 | 37.5 | 31.5 | 26.5 | 19.0 | 16.0 | 9.50 |
| | | 通过筛孔尺寸的质量百分率/% | | | | | | | |
| 1 | 30～60 | 100 | 25～60 | — | 0～15 | — | 0～5 | — | — |
| 2 | 25～50 | — | 100 | — | 25～50 | 0～15 | — | 0～5 | — |
| 3 | 20～40 | — | — | 100 | 35～70 | — | 0～15 | — | 0～5 |

注：当填隙碎石基层采用表中 1 号粗碎石时，石屑的标称最大粒径可为 9.5 mm。

④ 石屑的颗粒组成应满足表 2-18 所示的要求，塑性指数应小于 6。

表 2-18　石屑的颗粒组成

| 筛孔尺寸/mm | 9.50 | 4.75 | 2.36 | 0.60 | 0.075 |
|---|---|---|---|---|---|
| 通过筛孔尺寸的质量百分率/% | 100 | 85～100 | 50～70 | 30～50 | 0～10 |

⑤ 当缺乏石屑时，可以用细砾砂或粗砂等代替。

⑥ 用于填隙粗碎石空隙的石屑应当干燥。

### 2.2.2　半刚性基层施工

#### 1. 水泥稳定土基层的施工

水泥稳定土基层的施工方法主要有路拌法和厂拌法。

##### 1）路拌法施工

路拌法主要是采用机械或人工，在路面上的路槽内或者路面沿线，实行就地拌和混合料的一种施工方法。

水泥稳定土基层采用路拌法施工时的主要工序有准备下承层、施工放样、准备土料、摊铺土料、洒水闷料、整平与轻压、摆放与摊铺水泥、拌和（干拌）、加水并拌和、整形、碾压、养护、接缝处理、调头处理等。

（1）准备下承层。

铺筑水泥稳定土前，应先准备下承层。当水泥稳定土用作基层时，下承层为底基层；当水泥稳定土用作底基层时，下承层为土基；当水泥稳定土用作老路面的加强层时，下承层为老路面。

准备下承层时，应主要注意以下几点。

① 下承层的表面应平整、坚实，具有规定的路拱。

② 如果下承层为底基层，则应进行压实度检查，对于柔性底基层还应进行弯沉值检验。凡是不符合设计要求的路段，必须根据具体情况，采取相应措施，如补充碾压、换填好的材料等。

③ 如果下承层为土基，则必须用 12～15 t 的三轮压路机或等效的碾压机械碾压 3～4 遍。在碾压的过程中，如果发现土料过干、表层松散，则应适当洒水；如果发现土料过湿，则应采用翻松晾晒、换土、掺石灰或水泥等措施进行处理，使土料的含水量接近或等于最佳含水量。

④ 如果下承层为老路面，则应检查其材料是否符合底基层材料的技术要求，如果不符合，应进行翻松并采取必要的处理措施。

⑤ 底基层或老路面上如果存在低洼和坑洞，则应仔细填补并压实；如果存在搓板及辙槽，则应刮除；如果存在松散之处，则应耙松、洒水，并重新压实。

**提 示**

在铺筑水泥稳定土基层前，下承层应按照有关规定进行验收，凡是不合格的路段，必须采取必要的措施。

（2）施工放样。

在下承层验收合格后，应恢复中线，根据中桩和摊铺宽度，在路的两侧外设指示桩。对于直线段，宜每隔 15～20 m 设一个桩；对于曲线段，宜每隔 10～15 m 设一个桩。另外，还应在两侧指示桩上标出水泥稳定土基层边缘的设计高程，以便掌握施工标准。

（3）准备土料。

水泥稳定土基层可使用老路面或土基的上部土料，也可使用料场的土料。

使用老路面或土基的上部土料时，施工步骤大致如下。

① 清除老路面或土基表面的石块等杂物。

② 每隔 10～20 m 挖一小洞，使洞底高程与预定的水泥稳定土基层的底面高程相同，并在洞底做一标记，以控制翻松及粉碎的深度。

③ 用犁、松土机或装有强固齿的平地机或推土机，将老路面或土基的上部翻松到预定深度，土块应粉碎到符合要求。

④ 用犁将土向路中心翻松，使预定处治层的边部形成一个垂直面。

⑤ 用专用机械粉碎黏性土。当无专用机械时，可以用旋转耕作机（见图 2-4）、圆盘耙（见图 2-5）等设备粉碎塑性指数不大的土。

图 2-4　旋转耕作机

图 2-5　圆盘耙

使用料场的土料时，施工步骤大致如下。

① 选定料场。先沿线初步选定料场，然后分别选取代表性的土样，做土的性能试验和水泥土混合料的力学试验，最后根据试验结果选定料场。

② 采土。采土前，将树木、草皮、杂土等清除干净；采土时，应在预定的深度范围内，自上而下采集，不应分层采集。

③ 运输与堆放。用装载机或挖掘机将土装到自卸车上，然后运输到施工场地，按计

算的间距进行堆放，如图 2-6 所示。

图 2-6　运输与堆放

**注 意**

装土时，应确保每辆车的装土量基本相等，以使每路段卸土均匀。卸土前，应在预定堆土的下承土上洒水湿润，但不能过湿而造成泥泞。

（4）摊铺土料。

土料准备好后，即可进行摊铺，摊铺要点如下。

① 应事先通过试验确定土的松铺系数。

② 土料摊铺应在水泥摊铺的前一天进行，摊铺长度按日进度的需要量控制，满足次日完成水泥的掺入、拌和、碾压成形即可。

**提 示**

如果第二天有雨，则当日不宜摊铺土。

③ 土料应均匀地摊铺在预定的宽度上，摊铺后的表面应平整，并具有设计规定的路拱。

④ 在摊铺土料的过程中，应将土块、超尺寸颗粒及其他杂物拣除。

**注 意**

若土中有较多土块，则应在摊铺土前粉碎土块。

⑤ 土料摊铺完毕后，应检验松铺土层的厚度是否符合设计要求。

（5）洒水闷料。

土料摊铺完毕后，如果土的含水率过小，则应在土层上洒水闷料，使土的含水量接近最佳含水量，施工要点如下。

① 洒水应均匀，以防出现局部水分过多的现象。

② 洒水过程中，洒水车不得在洒水段内停留和调头。

③ 细粒料应经一夜闷料；中粒料和粗粒料可视其中细粒料的含量，缩短闷料时间。

（6）整平与轻压。

洒水闷料后，应整平土层，并用 6～8 t 两轮压路机碾压 1～2 遍，使土层表面平整，并具有一定的压实度。

（7）摆放与摊铺水泥。

水泥的摆放与摊铺主要包含以下几步。

① 通过计算，确定水泥摆放的纵横间距，并在土层上做出摆放标记（如画方格），如图 2-7 所示。

② 将水泥送到摊铺路段，并卸在标记地点，如图 2-8 所示。

图 2-7　确定水泥摆放的纵横间距

图 2-8　摆放水泥

③ 用刮板将水泥均匀摊开，并注意使每袋水泥的摊铺面积相等，如图 2-9 所示。

图 2-9　摊铺水泥

（8）拌和（干拌）。

水泥摊铺后，应进行拌和，使水泥分布到土中，施工要点如下。

① 对于二级及二级以上公路，应采用专用稳定土拌和机（见图 2-10）进行拌和，并设专人跟随，随时检查拌和深度，以及配合拌和机操作人员调整拌和深度。拌和深度宜侵

入下承层 5～10 mm。

图 2-10　专用稳定土拌和机

② 对于三级及四级公路，应优先使用专用稳定土拌和机进行拌和；如果没有专用稳定土拌和机，则可用旋转耕作机与多铧犁（或平地机）相配合进行拌和。

### 提　示

拌和时，不必使水泥和土达到完全拌和的状态，因为拌和的目的是预防后续的加水使水泥成团。

（9）加水并拌和。

上述拌和结束后，如果混合料的含水量不足，则应用喷管式洒水车补充洒水，并用专用稳定土拌和机进行再次拌和，使水分在混合料中分布均匀。

加水并拌和时，应注意以下几点。

① 专用稳定土拌和机应紧跟洒水车，以减少水分的流失。

② 应及时检查混合料的含水量，使其略大于最佳值。

③ 应捡出超出要求尺寸的颗粒。

④ 混合料应拌和均匀。

### 经验传承

拌和均匀的混合料应色泽一致，没有灰条、灰团和花面等现象，即没有粗细集料离析的现象。

（10）整形。

整形主要包括以下几步。

① 初步整平。

混合料拌和均匀后，应用平地机进行初步整平，即将多余的混合料刮出路外，使表面平整，如图 2-11 所示。

图 2-11　初步整平

**提　示**

在进行初步整平时，对于直线段，平地机应由两侧向路中心进行刮平；对于曲线段，平地机由内侧向外侧进行刮平。

② 初步碾压。

初步整平之后，应用拖拉机、平地机或轮胎压路机快速碾压一遍，以暴露潜在的不平整之处。

③ 找补平整。

初步碾压后，如果局部有低洼，则应用齿耙（见图 2-12）将表层耙松，并用新拌的水泥稳定土混合料找补平整。

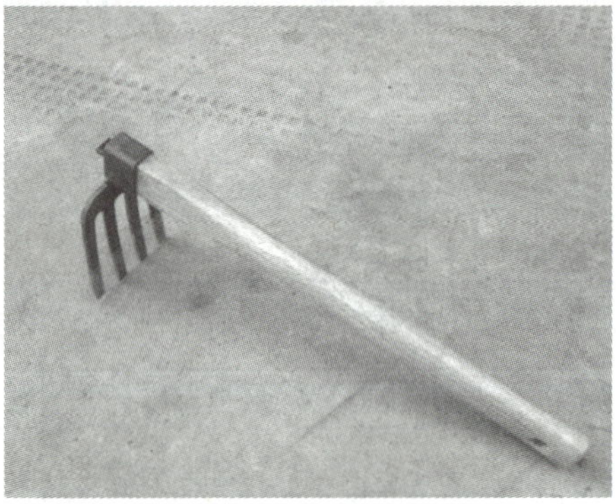

图 2-12　齿　耙

④ 再次整平。

找补平整之后，再用平地机进行整平，将高处料直接刮出路外。

**注 意**

整形后的表面应有规定的坡度和路拱，没有明显的粗细集料离析现象。

（11）碾压。

整形之后，当混合料的含水率满足要求时，应立即用压路机对结构层进行碾压（见图 2-13），碾压要点如下。

① 各部分碾压的遍数应尽量相同，一般需要碾压 6～8 遍，路的两侧应多压 2～3 遍。前两遍的碾压速度宜为 1.5～1.7 km/h，后几遍的碾压速度宜为 2.0～2.5 km/h。

② 碾压时，轮迹应重叠 1/2 轮宽。对于直线段，应由两侧向路中心碾压；对于曲线段，应由内侧向外侧碾压。

③ 碾压时，水泥稳定土的表面应始终保持湿润，如果水分蒸发过快，则应及时补洒少量的水。

④ 碾压过程中，如果出现松散、起皮等现象，则应及时翻开并重新拌和或用其他方法处理。

⑤ 在最后一遍碾压之前，应用平地机再终平一次，使表面的纵坡、路拱和超高符合设计要求。终平时，对于局部高出部分，应刮除并扫出路外；对于局部低洼之处，不用找补，可在铺筑面层时再进行处理。

图 2-13　碾　压

（12）养护。

碾压完成后，要进行养护，养护时间一般不少于 7 d，宜采用湿砂、不透水薄膜或湿麻袋进行覆盖养护，也可喷洒沥青乳液或洒水养护。

**注 意**

如果采用覆盖养护，则应禁止重型车辆通行，并限制其他车辆的车速不超过 30 km/h；如果未采用覆盖养护，则除了洒水车，禁止其他车辆通行。

（13）接缝处理。

水泥稳定土基层的接缝有横向接缝和纵向接缝两种。

① 横向接缝的处理。

a．同日施工的两个工作段接缝处，应进行搭接，具体方法是：前一段拌和整形后，留 5～8 m 不进行碾压；后一段施工时，将前段留下的未压部分，再加部分水泥，重新拌和，并与后一段一起碾压。

b．不同日施工的两个工作段接缝处，应按下列方式进行处理。

- 第一日，在已碾压完成的末端，挖一条横贯铺筑层全宽的槽（宽约 30 cm，深度同水泥稳定土基层厚度）；然后在槽内放两根方木（长度为全宽一半，厚度同水泥稳定土基层）；最后用原先挖出的素土回填槽内其余部分，如图 2-14 所示。

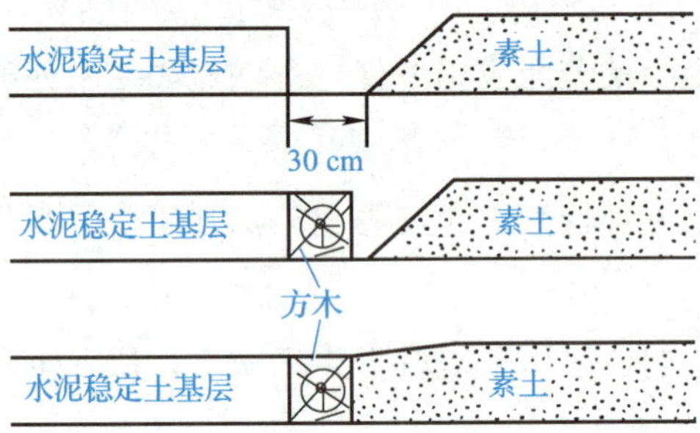


图 2-14　横向接缝处理示意图

- 第二日，邻接作业段拌和后，除去方木，用混合料回填。

② 纵向接缝处理。

水泥稳定土层的施工应尽量避免纵向接缝，如果必须分两幅施工，需设置纵向接缝，则应按下述方法进行处理。

a．铺筑第一幅时，在靠路中央一侧用方木或钢模板作支撑。

**注 意**

第一幅混合料拌和后，靠近方木或钢模板的部分，应采用人工进行补充拌和，然后再整形和碾压。

b．第一幅施工结束后，拆除方木或钢模板，铺筑第二幅。

**注 意**

第二幅混合料拌和后，靠近第一幅的部分，应采用人工进行补充拌和，然后再整形和碾压。

（14）调头处理。

如果拌和机械或其他机械必须在已压成的水泥稳定土层上调头，则应采取一定的措施，以保护调头作业段。一般，可在准备用于调头的水泥稳定土层上，先覆盖一张厚塑料布或油毡纸，再铺上约 10 cm 厚的土、砂或砂砾。调头结束后，宜用平地机将塑料布或油毡纸上的大部分材料除去，再人工除去余下的材料，并收起塑料布或油毡纸。

2）厂拌法施工

厂拌法是指在固定的拌和工厂（见图 2-15）或移动式拌和站（见图 2-16）拌制混合料，然后运送到施工现场进行铺筑的方法。

图 2-15　拌和工厂

图 2-16　移动式拌和站

水泥稳定土基层采用厂拌法施工时的主要工序有准备下承层、施工放样、拌和混合料、运输混合料、摊铺混合料、碾压、养护、接缝处理。

（1）准备下承层、施工放样。

同水泥稳定土基层路拌法施工。

（2）拌和混合料。

拌和混合料时，应注意以下几点。

① 准备好原材料（如水泥、土等），不同材料应分别堆放。

② 为了保持连续摊铺，拌和站应满足现场摊铺设施的需求。

③ 在正式拌制混合料前，必须先调试所用的设备，目的在于找出各料斗闸门的开启刻度，以确保按设计配合比拌和混合料，如图 2-17 所示。

图 2-17　调试设备

④ 拌和的混合料应达到：土块要粉碎，其粒径最大不得大于 15 mm；拌和应均匀；混合料含水量要略大于最佳值，以确保运到现场铺筑后的含水量不低于最佳值。

（3）运输混合料。

混合料拌和好后，可直接从拌和机卸入自卸车，送到施工现场。运输混合料时，自卸车上的混合料应加以覆盖，以减少水分损失，运输的时间一般要限制在 30 min 内。

（4）摊铺混合料。

混合料运输到施工现场，即可进行摊铺，摊铺要点如下。

① 对于高速公路和一级公路，必须采用沥青混凝土摊铺机或稳定土摊铺机进行摊铺（见图 2-18），摊铺时应注意以下几点。

图 2-18　摊铺机摊铺混合料

a．为避免纵向接缝，应尽量全断面一次摊铺成形，如果一台摊铺机的摊铺宽度不足，则应采用两台摊铺机一前一后相隔 5～10 m 同步向前摊铺，如图 2-19 所示。

图 2-19　两台摊铺机同步摊铺

b．摊铺机摊铺宜连续进行，如果拌和设备的生产力较小，则摊铺机应低速进行摊铺，以减少停机待料的情况。

c．摊铺机后面应设专人消除粗细集料离析现象。

② 对于其他公路，可优先使用摊铺机进行摊铺，在没有摊铺机的情况下，可采用平地机按下列方式进行摊铺。

a．首先根据铺筑层的厚度和要求达到的压实度，计算出每车混合料的摊铺面积。

b．将混合料均匀地卸在路幅的中央，当路幅比较宽时，也可将混合料卸成两行。

c．用平地机将混合料按松铺厚度摊铺均匀。

d．平地机后面应设专人消除粗细集料离析现象。

（5）碾压。

混合料摊铺后，即可进行碾压，碾压要点如下。

① 采用摊铺机摊铺的混合料碾压时，宜先用轻型两轮压路机跟在摊铺机后及时进行碾压，后用重型振动压路机、三轮压路机或轮胎压路机继续碾压密实。

② 采用平地机摊铺的混合料碾压时，其施工方法同前述的路拌法。

**注　意**

混合料开始拌和到碾压结束的延迟时间不应超过 2 h。

（6）养护。

同水泥稳定土基层的路拌法施工。

（7）接缝处理。

下面主要介绍采用摊铺机摊铺混合料时的接缝处理，采用平地机摊铺混合料时的接缝处理同前述的路拌法。

① 横向接缝处理。

厂拌法施工时不宜中断，如果因故需要中断，且中断时间会超过 2 h，则应设置横向接缝，具体方法如下。

a．摊铺混合料后，人工将末端修理整齐，然后放两根方木使其紧靠混合料，方木高度应与混合料厚度相等。

b．方木的另一侧填筑砂砾或碎石，填筑长度约 3 m，高度应高出方木几厘米。

c．将混合料碾压密实。

d．在重新开始摊铺混合料之前，将砂砾或碎石、方木除去，并将下承层顶面清扫干净。

e．摊铺机返回到已压实混合料的末端，重新开始摊铺。

**注　意**

如果摊铺中断后，未按上述方法处理横向接缝，而且中断时间已经超过 2 h，则应将末端处未经压实的混合料铲除，并将末端修整成与路中心线垂直的断面，然后再摊铺新的混合料。

② 纵向接缝处理。

摊铺机摊铺混合料时，应避免纵向接缝，如果无法避免，必须分两幅施工，并设置纵向接缝，则可按下列方式处理。

a．摊铺第一幅时，在靠路中心的一侧用方木或钢模板作支撑。

b．第一幅施工完成后，拆除方木或钢模板，摊铺第二幅。

### 2. 石灰稳定土基层的施工

石灰稳定土基层的施工方法也主要有路拌法和厂拌法两种。

#### 1）路拌法施工

石灰稳定土基层采用路拌法施工时的主要工序有准备下承层、施工放样、备料、摊铺土料、洒水闷料、整平、轻压、卸置与摊铺石灰、拌和与洒水、整形与碾压、养护、接缝与调头处理等。

（1）准备下承层、施工放样。

同水泥稳定土基层路拌法施工。

（2）备料。

石灰稳定土基层施工时，主要准备土料和石灰。

① 准备土料。

同水泥稳定土基层路拌法施工。

② 准备石灰。

石灰的准备要点如下。

a．石灰应集中堆放在公路两侧宽敞、邻近水源且地势较高的地方。

b．如果石灰需要堆放较长时间，则应用土或其他材料覆盖封存。

c．石灰在使用的前 7～10 d，应进行消解。消解后的石灰应保持一定的湿度，以防过干而产生飞扬，但不能过湿而成团。

d．消解后的石灰应能过孔径为 10 mm 的筛子，并要尽快使用。

（3）摊铺土料、洒水闷料、整平、轻压。

同水泥稳定土基层路拌法施工。

（4）卸置与摊铺石灰。

卸置与摊铺石灰的步骤大致如下。

① 通过计算，确定每车石灰的纵横间距，并在土层上做出标记（如画方格）。

② 将石灰运送到摊铺路段，并卸置在标记地点，如图 2-20 所示。

图 2-20　卸置石灰

③ 用刮板将石灰均匀摊开。

（5）拌和与洒水。

石灰摊铺完毕后，应将其与土料拌和均匀，并洒水湿润，施工要点如下。

① 对于二级及二级以上公路，应采用专用稳定土拌和机进行拌和，如图 2-21 所示。

图 2-21　专用稳定土拌和机拌和石灰与土料

② 对于三级及四级公路，应优先使用专用稳定土拌和机进行拌和；如果没有专用稳定土拌和机，则可用旋转耕作机与多铧犁（或平地机）相配合进行拌和。

③ 混合料拌和后，用喷管式洒水车将水均匀地喷洒在混合料上。

④ 拌和机紧跟在洒水车后面进行再次拌和，以减少水分流失。

### 经验传承

在拌和与洒水的过程中，应及时检查混合料的含水量，确保其略大于最佳值，并要及时检查拌和情况，拌和完成的标志是：混合料色泽一致，没有灰条、灰团和花面等现象。

（6）整形与碾压。

同水泥稳定土基层路拌法施工。

（7）养护。

碾压完毕后，即可采用洒水、覆盖等方法进行养护，养护要点如下。

① 采用洒水养护时，在每次洒水后，应用压路机将表层压实；洒水养护期间，除洒水车外，其他车辆不得在石灰稳定土基层上通行。

② 采用覆盖养护时，应禁止重型车辆通行，并限制其他车辆的车速不超过 30 km/h。

③ 养护时间至少为 7 d。

④ 在养护期间，石灰稳定土基层应始终保持一定的潮湿度，不得出现忽干忽湿的情况。

（8）接缝与调头处理。

同水泥稳定土基层路拌法施工。

### 2）厂拌法施工

石灰稳定土基层的混合料可以在中心站采用多种拌和设备（如强制式拌和机、双转轴桨叶式拌和机等）进行集中拌和，然后送往施工场地进行铺筑，即厂拌法。

厂拌法是石灰稳定土基层提倡采用的施工方法，有利于保证配料的准确性和拌和的均匀性，它主要包括准备下承层、施工放样、备料、拌和与运输、摊铺、整形、碾压、养护等工序。

（1）准备下承层、施工放样。

同水泥稳定土基层路拌法施工。

（2）备料。

石灰稳定土基层采用厂拌法施工时，应准备土料、石灰等。备料时应注意土块要加以粉碎，其粒径最大不得大于 15 mm；石灰应避免雨淋和水浸。

（3）拌和与运输。

备料完毕后，即可采用拌和设备拌和混合料，并将其运输至铺筑现场。拌和与运输时，应注意以下几点。

① 在正式拌制石灰稳定土混合料前，应先调试拌和设备，以确保混合料颗粒组成和含水量达到规定要求。

② 石灰稳定土混合料应拌和均匀。

③ 运输时，如果运距较远、气温较高，则车上的混合料应加以覆盖，以防水分蒸发过多。

（4）摊铺。

石灰稳定土的混合料运输至铺筑现场后，即可采用专用稳定土摊铺机、沥青混凝土摊铺机或水泥混凝土摊铺机进行摊铺，摊铺时应注意以下几点。

① 如果分层摊铺混合料，则应先将下层顶面拉毛，再摊铺上层混合料。

② 拌和设备与摊铺机的生产能力应互相协调。如果拌和设备的生产能力较低，则摊铺机应尽量采用低速进行摊铺，以减少停机待料的情况。

③ 石灰稳定土混合料的摊铺系数因摊铺机不同而异，可通过试验确定。

（5）整形。

石灰稳定土混合料摊铺到设计的松铺厚度后，即可进行整形，整形要点如下。

① 利用平地机进行初步刮平。对于直线段，平地机应由两侧向路中进行刮平；对于曲线段，平地机应由内侧向外侧刮平。

② 初步刮平后，先用履带拖拉机或轮胎压路机碾压 1～2 遍，再用平地机进行整形，最后再用上述压实机械碾压一遍。

③ 整形后，如果局部有低洼，则应用齿耙将表层耙松，并用新拌的石灰稳定土混合料找补平整，然后用平地机再整形一次。

**知识宝典**

整形过程中，任何车辆不得通行。

（6）碾压。

整形完毕后，当石灰稳定土混合料的含水率满足要求时，即可采用压路机进行碾压，碾压要点如下。

① 各部分碾压的遍数应尽量相同，一般需要碾压 6～8 遍，路的两侧应多压 2～3 遍。前两遍的碾压速度宜为 1.5～1.7 km/h，后几遍的碾压速度宜为 2.0～2.5 km/h。

② 碾压时，轮迹应重叠 1/2 轮宽。对于直线段，应由两侧向路中心碾压；对于曲线段，应由内侧向外侧碾压。

③ 在碾压过程中，石灰稳定土的表面应始终保持规定的湿度，必要时，可补充洒水。

④ 在碾压过程中，如果出现松散、起皮等现象，则应翻开晾晒，或者更换新混合料，并重新拌和、碾压。

⑤ 在碾压最后一遍之前，应用平地机将石灰稳定土表面再终平一次，以刮除局部高

出部分。

**注 意**

为确保石灰稳定土基层的施工质量，混合料的拌和与碾压间隔时间不得超过两天。

（7）养护。

同石灰稳定土基层路拌法施工。

### 3. 石灰工业废渣稳定土基层的施工

石灰工业废渣稳定土基层的施工方法也主要有路拌法和厂拌法两种。下面主要介绍二灰土基层的路拌法和厂拌法施工。

#### 1）路拌法

二灰土基层采用路拌法施工时的主要工序有准备下承层、施工放样、备料、摊铺与轻压、拌和、整形、碾压、养护、接缝与调头处理。

（1）准备下承层、施工放样。

同水泥稳定土基层路拌法施工。

（2）备料。

二灰土基层采用路拌法施工时，应主要准备粉煤灰、石灰、土料。备料要点如下。

① 粉煤灰应含有足够的水分，以防扬尘。如果在堆放的过程中，部分粉煤灰凝结成块，则使用时应将其打碎。

② 石灰、土料的准备同石灰稳定土基层的路拌法施工。

（3）摊铺与轻压。

备料完毕后，应先摊铺土料，并用两轮压路机碾压 1～2 遍；然后摊铺粉煤灰，并用两轮压路机碾压 1～2 遍；最后摊铺石灰，并用两轮压路机碾压 1～2 遍。摊铺与轻压时，应注意以下几点。

① 在下承层上摊铺第一层材料前，应洒水湿润。

② 每层材料的松铺系数应通过试验确定。

③ 轻压后的每层材料应平整，并具有规定的路拱。

（4）拌和。

第三层材料轻压之后，即可进行拌和。采用专用稳定土拌和机进行拌和时，宜先干拌 1～2 遍，再湿拌 2～3 遍；采用旋转耕作机与多铧犁（或平地机）相配合进行拌和时，宜先干拌 2～3 遍，再湿拌 5～6 遍。

（5）整形、碾压。

同水泥稳定土基层路拌法施工。

（6）养护。

二灰土基层碾压完成后的第二天或第三天，即可采用洒水的方法进行养护，养护要点如下。

① 养护时间一般为 7 d。

② 在养护期间，二灰土基层的表面应始终保持潮湿。

③ 在养护期间，除洒水车外，禁止其他车辆在二灰土基层上通行。

④ 分层施工时，下层碾压完毕后，可以立即铺筑上一层，不需进行专门养护。

（7）接缝与调头处理。

同水泥稳定土路拌法施工。

#### 2）厂拌法

石灰工业废渣稳定土基层也可以在中心站采用相关设备拌和混合料，然后运输至现场进行铺筑，即厂拌法。下面主要介绍二灰土基层的厂拌法施工。

二灰土采用厂拌法施工时的主要工序包括准备下承层、施工放样、拌和混合料、运输混合料、摊铺混合料、碾压、养护、接缝处理等。这些施工工序基本同水泥稳定土基层厂拌法，另外还需要注意以下几点。

（1）拌和混合料时，所用土料粒径最大不应大于 15 mm；粉煤灰块粒径最大不应大于 12 mm，且通过 9.5 mm 和 2.36 mm 筛孔的量应分别大于 95%和 75%。

（2）拌和后的混合料应尽量在当天运送到铺筑现场。

（3）养护同二灰土基层路拌法施工。

## 2.2.3　粒料基层施工

### 1. 级配碎石基层施工

级配碎石基层的施工方法有路拌法和厂拌法两种。

### 1）路拌法

级配碎石基层采用路拌法施工时的主要工序包括准备下承层、施工放样、备料、运输、摊铺、拌和、整形、碾压、接缝处理等。

（1）准备下承层、施工放样。

同水泥稳定土基层路拌法施工。

**注 意**

下承层的断面应做成全铺式断面，不宜做成槽式断面。

（2）备料。

级配碎石基层采用路拌法施工时，应主要准备碎石和石屑。准备时应根据相关要求，计算出它们的配合比，进而确定出碎石和石屑的用量。

**经验传承**

准备碎石时，应洒水湿润，使其含水量略大于最佳值。

（3）运输。

准备好相关材料后，应将其运送至铺筑现场，具体要点如下。

① 在运输前，应根据各路段基层或底基层的宽度、厚度及预定的压实度，计算出每车料的堆放距离。

② 装料时，应使每辆车所装材料的数量基本相等。

③ 卸料时，在同一料场供料的路段内，宜按照由远及近的顺序卸料，并严格控制卸料距离，以免铺料过多或不够。

**注 意**

石料不宜过早运送，宜在摊铺前的1～2 d运送。

（4）摊铺。

级配碎石基层的摊铺有以下两种情况。

当采用不同粒级的碎石和石屑时，应先摊铺大碎石，然后将中碎石摊铺在大碎石上，小碎石摊铺在中碎石上，最后洒水湿润碎石，将石屑摊铺在碎石上。

当采用未筛分的碎石和石屑时，应先摊铺碎石，然后在较潮湿的情况下，将石屑按计算距离卸置在碎石上，并摊铺均匀。

摊铺时，应注意以下几点。

① 摊铺前，应通过试验确定松铺系数，并确定松铺厚度。

② 摊铺时，可以采用人工，也可以采用机械（如平地机），如图 2-22 所示。采用人工摊铺时，松铺系数宜为 1.40～1.50；采用平地机摊铺时，松铺系数宜为 1.25～1.35。

（a）　　（b）

（a）人工摊铺　（b）机械摊铺

图 2-22　摊　铺

③ 摊铺后，应检验松铺厚度是否符合要求，必要时可进行减料或补料工作。

（5）拌和。

摊铺完毕后，应进行拌和，使石屑均匀分布到碎石料中，拌和要点如下。

① 对于二级及二级以上公路，应采用专用稳定土拌和机进行拌和，宜拌和两遍，拌和深度应到级配碎石底层。

② 对于二级以下公路，应优先使用专用稳定土拌和机进行拌和；如果没有专用稳定土拌和机，则可采用圆盘耙与平地机（或多铧犁）相配合进行拌和。

a．采用圆盘耙与平地机配合拌和时，宜拌和 5～6 遍。

b．采用圆盘耙与多铧犁配合拌和时，宜拌和 4～6 遍。

（6）整形。

拌和后，即可进行整形。整形时，首先，用平地机进行初步整平；然后，用拖拉机、平地机或轮胎压路机在初步整平的路段上快速碾压一遍，以暴露潜在的不平整之处；最后，再用平地机进行精确整形。

（7）碾压。

整形后，当混合料的含水量等于或略大于最佳含水量时，即可采用压路机进行碾压，如图 2-23 所示。

碾压时，应注意以下几点。

① 级配碎石可采用 12 t 以上的三轮压路机进行碾压，其每层压实厚度不应超过 15～18 cm；也可采用重型振动压路机或轮胎压路机进行碾压，其每层压实厚度不应超过 20 cm。

② 碾压时，轮迹应重叠 1/2 轮宽。对于直线段，应由路两侧向路中心碾压；对于曲线段，应由内侧向外侧碾压。

③ 级配碎石基层一般需要碾压 6～8 遍，路的两侧可以多压 2～3 遍。对于前两遍，碾压速度宜为 1.5～1.7 km/h；对于后几遍，碾压速度宜为 2.0～2.5 km/h。

④ 在碾压过程中，如果级配碎石层含土，则应进行滚浆碾压，一直压到碎石层中无多余细土泛到表面为止。滚到表面的浆应清除干净。

图 2-23 碾 压

（8）接缝处理。

① 横向接缝处理。

级配碎石基层的横向接缝应采用搭接的方法，即第一段施工时，留 5～8 m 部分不进行碾压；第二段施工时，与第一段留下的未压部分一起拌和，然后进行整形、碾压。

② 纵向接缝处理。

一般情况应尽量避免纵向接缝，如果无法避免而必须分两幅铺筑并设置纵向接缝，则可采用搭接的方法进行处理，即第一幅全宽碾压密实；第二幅施工时，与第一幅边部（边部宽度约 0.3 m）进行搭接拌和，然后进行整形、碾压。

### 2）厂拌法

级配碎石的混合料可在中心站采用多种拌和设备（如强制式拌和机、卧式双转轴浆叶式拌和机、普通水泥混凝土拌和机等）进行集中拌和，然后送往施工现场进行铺筑，即厂拌法。

级配碎石基层采用厂拌法施工时的主要工序包括准备下承层、施工放样、备料、拌和混合料、运输混合料、摊铺混合料、整形、碾压、接缝处理等。

（1）准备下承层、施工放样。

同水泥稳定土基层路拌法施工。

（2）备料。

级配碎石基层采用厂拌法施工时，应主要准备碎石和石屑等原料。准备时应注意不同粒级的碎石和石屑应进行隔离，分别堆放，以便准确地将各种原料进行混合。

（3）拌和混合料。

拌和混合料时，应注意以下几点。

① 在拌和前，必须先调试拌和设备，以确保拌和的混合料颗粒组成和含水量达到规定的要求。

② 拌和设备应与摊铺设备的生产能力相匹配。

③ 拌和时，严格控制混合料的含水量，使其略高于最佳含水量，以补偿施工中的水分损失。

（4）运输混合料。

拌和好后，将级配碎石混合料从拌和设备直接卸入自卸汽车，并送往施工现场进行铺筑，运输时应注意以下几点。

① 应覆盖车上的混合料，以防水分蒸发和污染沿线环境。

② 运输时间应尽量控制在 30 min 内。

③ 运输能力与拌和能力应相适应，以保证施工的连续性。

（5）摊铺混合料。

① 对于高速公路及一级公路，应采用摊铺机进行摊铺（见图 2-24），其施工方法同水泥稳定土基层厂拌法施工。

图 2-24　摊铺机摊铺

② 对于二级及二级以下公路，应优先采用摊铺机进行摊铺，如果没有摊铺机，则可采用平地机进行摊铺（见图 2-25），其摊铺步骤大致如下。

a. 自卸汽车将混合料均匀地卸在路幅中央。路幅宽时，也可将混合料卸成两行。

b．用平地机将混合料按照要求的松铺厚度摊铺均匀。

c．设一个三人小组跟在平地机后面，及时消除粗细集料离析现象。

图 2-25　平地机摊铺

（6）整形、碾压。

同级配碎石基层路拌法施工。

（7）接缝处理。

① 横向接缝处理。

a．当采用摊铺机摊铺时，第一天摊铺混合料的末端留一部分不进行压实，与第二天摊铺的混合料一起碾压，但应注意检测此部分混合料的含水率是否符合要求，不符合时，可进行人工补充洒水。

b．当采用平地机摊铺时，接缝处理同级配碎石基层路拌法施工。

② 纵向接缝处理。

一般应尽量避免纵向接缝，如果不能避免纵向接缝，则可按下列方式进行处理。

a．第一幅摊铺时，在靠路中心的一侧用方木或钢模板作支撑。

b．第一幅施工完成后，拆除方木或钢模板，铺筑第二幅。

## 2．级配砾石基层施工

级配砾石基层施工流程主要包括准备下承层、施工放样、备料、运输、摊铺、拌和、整形、碾压、接缝处理等。

### 1）准备下承层、施工放样

同水泥稳定土基层路拌法施工。

### 2）备料

级配砾石基层施工应主要准备砾石、砂等材料。准备时应根据相关要求，计算出它们的配合比，进而确定出砾石和砂的用量。

### 3）运输、摊铺

级配砾石基层运输、摊铺的施工要点如下。

（1）运输前，应计算出每车料的堆放距离。

（2）装料时，应使每辆车所装材料的数量基本相等。

（3）卸料时，在同一料场供料的路段内，宜按照由远及近的顺序卸料，并严格控制卸料距离，以免铺料过多或不够。

（4）摊铺可以采用人工，也可以采用机械（如平地机）。摊铺前，要确定松铺系数，当采用人工摊铺时，松铺系数宜为 1.40～1.50；当采用平地机摊铺时，松铺系数宜为 1.25～1.35。

（5）当级配砾石采用两种集料时，应先运输主要集料并摊铺，然后再运输另一种集料并摊铺。如果粗细两种集料的最大粒径相差很大，则应在粗集料处于潮湿状态下，摊铺细集料。

#### 4）拌和

摊铺后，一般采用平地机（或多铧犁）与圆盘耙相配合进行拌和，以使砂均匀地分布到碎石料中。拌和的混合料不应有粗细集料离析的现象，并且其含水量应略大于最佳值。

#### 5）整形、碾压、接缝处理

同级配碎石路拌法施工。

### 3. 填隙碎石基层施工

填隙碎石的施工方法有干法和湿法两种，施工工序都主要包括准备下承层、施工放样、备料、运输、摊铺粗碎石、初压粗碎石、撒布石屑、振动碾压、再次撒布石屑、再次碾压、洒水与碾压等。这两种方法的施工内容基本相同，唯一区别是最后一道工序施工内容不同。

#### 1）准备下承层、施工放样

同水泥稳定土基层路拌法施工。

#### 2）备料

填隙碎石基层施工应主要准备粗碎石和石屑。准备时应根据各路段基层或底基层的宽度、厚度和松铺系数，计算出各路段需要的粗碎石用量，进而确定石屑用量（石屑用量约为粗碎石用量的 30%～40%）。

#### 3）运输

同级配碎石基层路拌法施工。

#### 4）摊铺粗碎石

用平地机或其他合适的机具，将粗碎石均匀地摊铺在预定的宽度上，摊铺后的表面应平整，有规定的路拱，松铺厚度应符合规定。

5）初压粗碎石

摊铺粗碎石后，用 8 t 两轮压路机碾压 3～4 遍，使粗碎石稳定就位。

6）撒布石屑

初压粗碎石后，用石屑撒布机（见图 2-26）将干燥的石屑均匀地撒铺在已压稳的粗碎石层上，松铺厚度约为 2.5～3.0 cm，必要时可用人工或机械扫匀。

图 2-26　石屑撒布机

7）振动碾压

撒铺石屑后，用振动压路机慢速碾压，将石屑全部振入粗碎石的孔隙中。

8）再次撒布石屑

用石屑撒布机将干燥的石屑再次撒铺在粗碎石层上，松铺厚度约 2.0～2.5 cm，必要时可用人工或机械扫匀。

9）再次碾压

用振动压路机进行再次碾压。在碾压过程中，对局部石屑不足之处，人工进行找补；对于局部多余石屑，人工进行扫除。

10）洒水与碾压

（1）干法施工。

① 洒水。

粗碎石层表面孔隙全部填满后，在表面洒少量水。

② 碾压。

洒水后，用 12～15 t 三轮压路机碾压 1～2 遍。

（2）湿法施工。

① 洒水饱和。

粗碎石层表面孔隙全部填满后，用洒水车进行洒水，直到饱和，但应注意避免多余水浸泡下承层。

② 碾压滚浆。

洒水时，应使 12～15 t 三轮压路机跟在洒水车后进行碾压，直到石屑和水形成粉砂浆为止。

提 示

碾压滚浆过程中，应将湿石屑继续扫入所出现的孔隙中，必要时可添加新的石屑；碾压滚浆后，粉砂浆应填塞满所有孔隙，并在压路机轮前形成微波纹状。

③ 干燥。

碾压滚浆完成后，让水分蒸发一段时间，待表面变干后，将多余的石屑扫除干净。

注 意

填隙碎石基层施工时，应注意以下两点。

（1）石屑应填满粗碎石内部的全部孔隙。

（2）碾压后，表面应能看见粗碎石，不得使石屑完全覆盖粗碎石而自成一层，因为这样可以保证基层与面层有良好的黏结。

## 任务实施

（1）将全班学生分成若干组，每组 4～5 人。

（2）老师利用多媒体播放一些路面基层施工的视频，或带领学生去现场参观。

（3）各小组根据所学内容、所看视频或现场情况，总结施工要点，并写成报告形式，上交老师。

（4）老师按表 2-19 给各小组打分。

表 2-19　活动评价表

| 评分标准 | 满分 | 实际得分 | 备注 |
| --- | --- | --- | --- |
| 积极参与活动 | 20 | | |
| 报告内容扣题 | 40 | | |
| 报告文字流畅 | 20 | | |
| 其他 | 20 | | |
| 总分 | 100 | | |

# 任务 2.3 沥青面层施工

## 任务导入

目前，我国路面的面层主要采用沥青和水泥混凝土两种材料。其中，沥青面层在城市快速路和高速公路上比较常见，水泥混凝土面层多出现于街道或者乡间道路。随着社会的发展，越来越多的新建道路或者翻新道路采用了沥青面层，而且很多城市还特意将水泥面层掘开改造成了沥青面层。

想一想：沥青面层有哪些特点？它们是如何施工的？

## 相关知识

### 2.3.1 沥青面层的概念与特点

沥青面层是指在矿质材料（简称矿料）中掺入路用沥青材料，然后铺筑在基层上形成的面层，其中沥青材料主要起黏结矿料的作用。

沥青面层具有表面平整、施工期短、养护简单、维修方便、经久耐用等特点，是我国目前采用比较广泛的一种路面面层形式。

#### 拓展阅读

1. 沥青材料

沥青面层采用的沥青材料是一种褐色或黑褐色的有机胶凝材料（见图 2-27），其具有防潮、防水、防腐等特点，广泛应用于交通、水利、工业及民用建筑等工程中。

在市政道路工程施工中，最常用的沥青材料是石油沥青、煤沥青、改性沥青、乳化沥青和液体石油沥青。

石油沥青：是指原油或石油衍生物经蒸馏，提炼出汽油、柴油、煤油、润滑油等轻质油后，剩下的残渣经加工制得的褐色或黑褐色混合物。

煤沥青：是指煤焦油经分馏，提炼出各种油品后，剩下的残渣经加工制得的褐色或黑色混合物。

**乳化沥青**：是指沥青和乳化剂在一定作用下，形成的乳状物。

**改性沥青**：是指在沥青中掺入橡胶、树脂等物质，或者对沥青进行氧化加工，使其性能得以改善的沥青。

**液体石油沥青**：是指用汽油、煤油、柴油等溶剂将石油沥青稀释后的沥青。

图 2-27　沥青材料

**2．矿料**

沥青面层采用的矿料主要有粗集料、细集料和填料三类。

**粗集料**：主要有碎石、砾石等。

**细集料**：主要有砂、石屑等。

**填料**：主要指矿粉，矿粉必须由憎水性岩石（如石灰岩）细磨得到。

## 2.3.2　沥青面层的种类

### 1．按照强度构成原理不同分类

按照强度构成原理不同，沥青面层主要可分为密实型沥青面层和嵌挤型沥青面层两种。

#### 1）密实型沥青面层

如图 2-28 所示，密实型沥青面层的矿料级配按最大密实原则进行设计，颗粒尺寸连续多样，面层的强度和稳定性主要取决于沥青与矿料之间的黏结力，以及矿料颗粒之间的摩擦力。

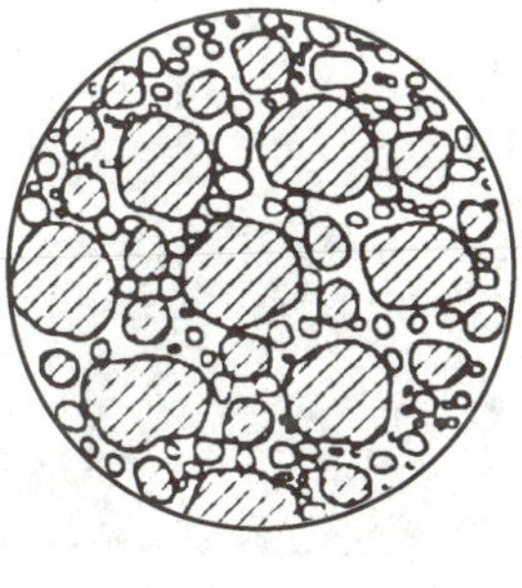

图 2-28　密实型沥青面层结构示意图

知识宝典

密实型沥青面层的优点是空隙率小，密实性和耐久性好，缺点是热稳定性较差。

2）嵌挤型沥青面层

如图 2-29 所示，嵌挤型沥青面层的矿料颗粒尺寸较为均一，沥青在混合料中主要起填隙作用，面层的强度和稳定性主要取决于矿料颗粒之间相互嵌挤产生的摩擦力，而对沥青的黏结作用依赖不大。

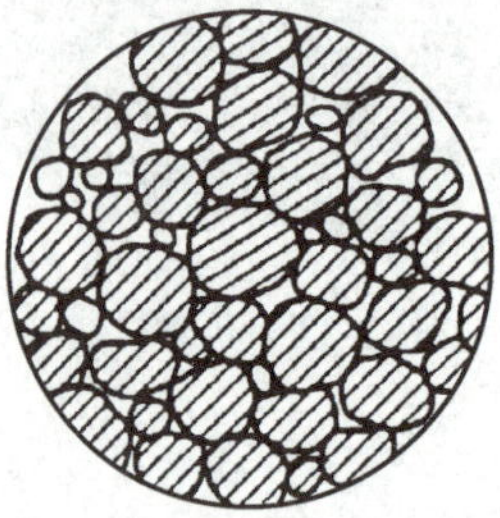

图 2-29　嵌挤型沥青面层结构示意图

知识宝典

嵌挤型沥青面层的优点是热稳定性好，缺点是空隙率较大，易渗水，耐久性较差。

### 2. 按照施工方法不同分类

按照施工方法不同，沥青面层可分为层铺法施工沥青面层、路拌法施工沥青面层和厂拌法施工沥青面层三种。

1）层铺法施工沥青面层

层铺法施工沥青面层是指采用分层洒布沥青、分层撒布矿料和分层碾压的施工方法修筑的面层，如图 2-30 所示。

图 2-30　层铺法施工沥青面层

这种面层的优点是施工工艺和施工设备简单、施工速度快、造价比较低；缺点是路面成形期较长。

#### 2）路拌法施工沥青面层

路拌法施工沥青面层是指在路上用机械将矿料和沥青就地拌和、摊铺和碾压成形的沥青面层。

这种面层的优点是沥青在矿料中的分布比较均匀，路面的成形期较短；缺点是由于面层使用的矿料为冷料，需要配合使用黏稠度较低的沥青，所以形成的面层强度较低。

#### 3）厂拌法施工沥青面层

厂拌法施工沥青面层是指在工厂用专用设备将规定级配的矿料和沥青加热拌和，然后送到施工现场进行摊铺和碾压成形的沥青面层，如图 2-31 所示。

图 2-31　厂拌法施工沥青面层

这种面层的优点是面层使用的矿料是经过精选的，并且采用的沥青是较黏稠的，所以形成的面层质量高、使用寿命长；缺点是修建费用较高。

### 3. 按照使用品质不同分类

按照使用品质不同，沥青面层可分为沥青表面处治面层、沥青贯入式面层、沥青碎石面层、沥青混凝土面层和沥青玛蹄脂碎石面层。

#### 1）沥青表面处治面层

沥青表面处治面层是指沥青和集料按照层铺法铺筑而成的、厚度不超过 3 cm 的沥青面层。按照层铺的次数和厚度不同，沥青表面处治面层可分为单层式（厚度为 1.0～1.5 cm）、双层式（厚度为 1.5～2.5 cm）和三层式（厚度为 2.5～3.0 cm）。

沥青表面处治面层常用作三级、四级公路的面层，或者用作旧路面上加铺的罩面（见图 2-32）或抗滑层、磨耗层等。

图 2-32　罩　面

#### 2）沥青贯入式面层

沥青贯入式面层是指在压实的碎石层上，分层洒布沥青，撒布嵌缝料，再在上部铺筑封层，然后压实形成的沥青面层。

沥青贯入式面层厚度一般为 4～8 cm，其适合用作三级和三级以下公路的面层，也可用作一些公路的基层。

#### 3）沥青碎石面层

沥青碎石面层是指具有一定级配的集料和适量的沥青，在规定的条件下均匀拌和，经摊铺、压实形成的沥青面层，如图 2-33 所示。

图 2-33　沥青碎石面层

沥青碎石面层的优点是热稳定性好，不易产生波浪和裂缝，粗糙的表面有利于高速行车，造价较低；缺点是空隙率较大，容易渗水和老化。沥青碎石面层常用作高等级公路的面层。

**注　意**

沥青碎石面层所用材料的配合比应根据工程实践经验和马歇尔试验结果，并通过试拌、试铺进行确定。

#### 4）沥青混凝土面层

沥青混凝土面层是指沥青和具有一定级配组成的矿料（如碎石、石屑或砂、矿粉），在规定条件下均匀拌和，经摊铺、压实形成的面层，如图 2-34 所示。其中，碎石作为粗集料，在混合料中起到骨架作用，石屑或砂作为细集料用来增加粗集料与沥青的黏结面积，矿粉作为填充料与沥青共同形成一种糊状黏结物，填充于粗集料之间，以增加黏结强度，提高混合料的强度。

图 2-34　沥青混凝土面层

**知识宝典**

沥青混凝土面层的优点是强度高，空隙率小，不易受水、空气侵蚀，耐久性好。

沥青混凝土面层按照制造工艺不同，还可分为热拌沥青混凝土面层、冷拌沥青混凝土面层和再生沥青混凝土面层三种。

（1）热拌沥青混凝土面层。

热拌沥青混凝土面层是指沥青加热到流动状态，与矿料在一定温度下拌和成混合料，然后在热态下进行摊铺、压实形成的沥青面层。

热拌沥青混凝土面层适用于各种等级道路，是目前使用最广泛的一种沥青面层。

（2）冷拌沥青混凝土面层。

冷拌沥青混凝土面层是指乳化沥青或液体石油沥青在常温状态下，与矿料拌和成混合料，然后在常温下进行摊铺、压实形成的沥青面层。

冷拌沥青混凝土面层适合用作三级及三级以下公路的面层、二级公路的罩面或各级公路沥青路面的基层。

（3）再生沥青混凝土面层。

再生沥青混凝土面层是指先对不能满足使用要求的旧沥青面层进行一定的加工处理

（如翻挖、破碎、筛分），然后将其与新矿料、新沥青混合，重新铺筑形成的面层。

5）沥青玛蹄脂碎石面层

沥青玛蹄脂碎石面层是指由沥青玛蹄脂碎石混合料（简称 SMA）铺筑而成的沥青面层。沥青玛蹄脂混合料是沥青玛蹄脂（由沥青、矿粉、纤维稳定剂及少量细集料组成）填充在间断级配的粗集料间隙中形成的。

沥青玛蹄脂碎石面层是一种新型的沥青面层，具有抗滑、耐磨、空隙率小、抗疲劳、高温抗车辙、低温抗开裂等优点，适用于高速公路、一级公路和其他重要的公路。

### 2.3.3 沥青面层的选择

不同类型的沥青面层需要采用不同的施工工艺和材料，在铺筑沥青面层前，要根据具体情况，选定最适宜的沥青面层。

沥青面层的选择一方面要考虑使用性质要求（如道路等级、交通量、使用年限、修建费用等）和工程特点（如地形情况、基层情况、施工季节、施工期限等），另一方面还应考虑材料的供应情况、施工机具、劳动力和施工技术条件等因素，一般可参考表 2-20 进行选择。

表 2-20 沥青面层的选择

| 公路等级 | 路面等级 | 面层类型 | 设计年限/年 |
|---|---|---|---|
| 高速公路、一级公路 | 高级路面 | 沥青混凝土面层、<br>沥青玛蹄脂碎石面层 | 15 |
| 二级公路 | 高级路面 | 沥青混凝土面层 | 12 |
|  | 次高级路面 | 沥青贯入式面层 | 10 |
| 三级公路 | 次高级路面 | 沥青表面处治面层 | 8 |

### 2.3.4 常见类型的沥青面层施工

#### 1. 沥青表面处治面层施工

1）施工准备

（1）材料准备。

沥青表面处治面层施工采用的材料主要有沥青和集料。沥青宜为石油沥青、乳化沥青或煤沥青；集料的最大粒径应与面层厚度相等。

（2）机具准备。

沥青表面处治面层施工采用的机具主要有沥青洒布车、集料撒布机、压路机、铁锹、扫帚等。

2）施工工序

沥青表面处治面层有单层式、双层式和三层式。单层式为洒布一次沥青，撒布一次集料；双层式为洒布二次沥青，撒布二次集料；三层式为洒布三次沥青，撒布三次矿料。下面主要介绍三层式沥青表面处治面层的施工工序。

三层式沥青表面处治面层的施工工序如图 2-35 所示。

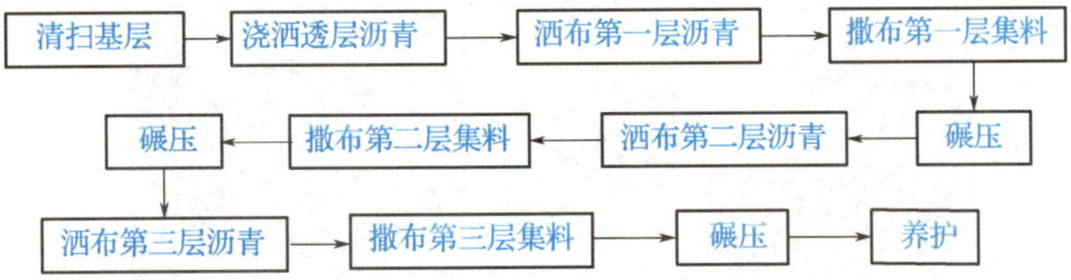


图 2-35　三层式沥青表面处治面层的施工工序

（1）清扫基层。

在铺筑沥青表面处治面层前，应将基层清扫干净，并保持干燥。

（2）浇洒透层沥青。

基层清扫完毕后，在基层上浇洒乳化沥青或煤沥青，其会透入基层表面，形成薄层（即透层沥青），作用是使沥青面层与基层结合良好，如图 2-36 所示。

图 2-36　浇洒透层沥青

在旧沥青路面、水泥混凝土路面、块石路面上铺筑沥青表面处治面层时，不用浇洒透层沥青，可在洒布第一层沥青时，增加沥青用量 10%～20%。

浇洒透层沥青时，应注意以下几点。

① 透层沥青应尽量在基层施工结束、表面稍干后浇洒。当基层施工结束时间较长，表面过分干燥时，应在基层表面浇洒少量水，待表面稍干后，浇洒透层沥青。

② 透层沥青应采用沥青洒布车浇洒，浇洒时应保持稳定的速度和浇洒量，并确保在洒布宽度内浇洒均匀。

③ 当遇到大风天气、降雨天气或气温低于 10℃的天气时，不得浇洒透层沥青。

④ 浇洒透层沥青后，严禁车辆、行人通过。

（3）洒布第一层沥青。

在透层沥青充分渗透后，即可采用沥青洒布车洒布第一层沥青，如图 2-37 所示。

图 2-37　洒布第一层沥青

洒布第一层沥青时，应注意以下几点。

① 沥青的洒布温度应根据施工气温及沥青标号确定。石油沥青的洒布温度宜为 130～170℃；煤沥青的洒布温度宜为 80～120℃；乳化沥青宜在常温下洒布。

② 在洒布过程中，如果发现有空白、缺边等现象，则可采用人工补洒；如果发现有积聚现象，则应予以刮除。

③ 前后两车喷洒的接茬处，可用铁板或建筑纸等横铺，宽度宜为 1.0～1.5 m。

④ 分几幅洒布时，纵向搭接宽度宜为 1.0～1.5 m。

（4）撒布第一层集料。

洒布第一层沥青后，应立即采用集料撒布机或人工撒布第一层集料，如图 2-38 所示。

图 2-38　撒布第一层集料

撒布第一层集料时，应注意以下几点。

① 无论机械或人工撒布集料，撒料后均应及时扫匀，以确保全面覆盖、厚度一致、不露沥青。

② 局部缺料或多余之处，应人工找补或将多余集料扫出。

③ 两幅搭接时，应在第一幅沥青洒布后，留 10～15 cm 宽度不撒布集料，待第二幅

沥青洒布后，一起撒布集料。

（5）碾压。

撒布一段集料后（不必全段撒布完），应立即用 6～8 t 钢轮压路机或轮胎压路机碾压，如图 2-39 所示。

图 2-39　碾　压

碾压时，应注意以下几点。

① 碾压应从路两侧向路中心逐步进行，轮迹宜重叠 300 mm。

② 碾压遍数宜为 3～4 遍。

③ 碾压开始的速度不宜超过 2 km/h，后面可适当增加。

（6）第二、三层沥青和集料施工。

第二、三层沥青和集料的施工与第一层相同，但可以采用 8～10 t 的压路机进行碾压。

（7）养护。

第二、三层沥青和集料施工完毕后，要进行养护。养护期间，可以通车，但要限制行车速度不超过 20 km/h。在通车时，如果发现有泛油现象，则应在泛油处补撒与最后一层集料规格相同的嵌缝料并扫匀，过多的浮料应扫出路外。

## 2. 沥青贯入式面层施工

### 1）施工准备

（1）材料准备。

沥青贯入式面层施工采用的材料主要有沥青、主层集料、嵌缝料等。沥青宜为石油沥青、煤沥青或乳化沥青；主层集料宜为有棱角、嵌挤性好的坚硬碎石；嵌缝料一般为细集料。

（2）机具准备。

沥青贯入式面层施工采用的机具主要有摊铺机、平地机、集料撒布机、压路机等。

2）施工流程

沥青贯入式面层宜在干燥和较热的季节施工，并宜在雨期及日最高温度低于 15℃到来前 15 d 结束，其施工工序如图 2-40 所示。

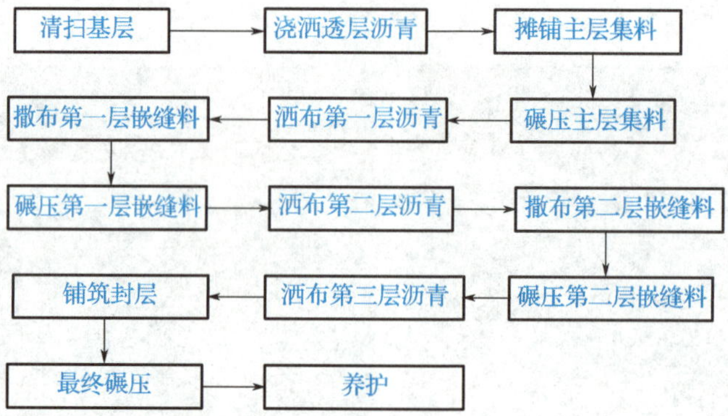


图 2-40　沥青贯入式面层施工工序

（1）清扫基层、浇洒透层沥青。

同沥青表面处治面层施工。

（2）摊铺主层集料。

采用碎石摊铺机、平地机或人工摊铺主层集料。摊铺后，严禁车辆通行。

（3）碾压主层集料。

摊铺主层集料后，即可进行碾压，要点如下。

① 先用 6～8 t 钢轮压路机从路两侧向路中心碾压一遍，轮迹宜重叠 300 mm，碾压速度宜为 2 km/h。

② 然后用重型的钢轮压路机碾压，直到主层集料嵌挤稳定，无明显轮迹为止，碾压遍数一般为 4～6 遍，轮迹重叠宜为轮宽的 1/2 左右。

（4）洒布第一层沥青。

主层集料碾压完毕后，立即洒布第一层沥青，洒布要点同沥青表面处治面层施工。

（5）撒布第一层嵌缝料。

第一层沥青洒布完成后，立即撒布嵌缝料。嵌缝料应撒布均匀，不足之处可进行人工找补。

（6）碾压第一层嵌缝料。

嵌缝料撒布均匀后，立即用 8～12 t 钢轮压路机进行碾压，直到稳定为止，碾压遍数一般为 4～6 遍，轮迹重叠宜为轮宽的 1/2。碾压时，应随压随扫，使嵌缝料均匀嵌入。

**注 意**

如果气温太高，使得碾压过程中出现推移现象，则应立即停止碾压，待气温降低后再进行碾压。

（7）第二层沥青、嵌缝料，第三层沥青施工。

按照上述方法洒布第二层沥青、撒布第二层嵌缝料，然后碾压，再洒布第三层沥青。

（8）铺筑封层。

第三层沥青洒布完毕后，即可铺筑封层。

**知识宝典**

封层是指为了防止水分浸入面层或基层而铺筑的沥青混合料薄层。铺筑在面层上的封层称为上封层，铺筑在基层上面、面层下面的封层称为下封层。

当符合下列情况之一时，应在沥青面层上铺筑上封层。

① 沥青面层的空隙较大，透水严重。

② 有裂缝或已修补的旧沥青路面。

③ 需加铺磨耗层来改善抗滑性能的旧沥青路面。

④ 需铺筑磨耗层或保护层的新建沥青路面。

（9）最终碾压。

铺筑封层后，采用 6～8 t 钢轮压路机进行最终碾压，使路面平整、外形符合设计要求，碾压遍数宜为 2～4 遍。

（10）养护。

同沥青表面处治面层施工。

### 3. 热拌沥青混凝土面层施工

#### 1）施工准备

（1）材料准备。

热拌沥青混凝土面层施工采用的材料主要有沥青材料、粗集料、细集料和填料等，有的还会加入聚合物和木纤维素。

- **沥青材料：**宜为石油沥青、煤沥青、乳化沥青、液体石油沥青、改性沥青等。
- **粗集料：**宜为碎石、破碎砾石、筛选砾石、钢渣、矿渣等。
- **细集料：**宜为天然砂、人工砂或石屑等。
- **填料：**宜采用石灰岩或岩浆中的强基性岩石经细磨得到的矿粉。

（2）机具准备。

热拌沥青混凝土面层施工采用的机具主要有沥青混合料拌和设备、沥青混合料摊铺机、沥青混合料压实机械等。

① 沥青混合料拌和设备。

常用的沥青混合料拌和设备有间歇式拌和设备和连续式拌和设备两大类。

a．间歇式拌和设备。

间歇式拌和设备如图 2-41 所示，其拌和特点是：混合料的拌和是分批进行的，第一批原料计量好后投入搅拌锅内进行搅拌，拌和好后将成品料卸出，然后再进行下一批混合料的拌和。

图 2-41　间歇式拌和设备

如图 2-42 所示，间歇式拌和设备的拌和流程是：粗、细冷集料配合好后，加入到干燥筒内进行烘干加热，然后进行提升，并由振动筛筛分，计量后，与计量好的矿粉和沥青一起加入到搅拌锅内搅拌，然后储存。

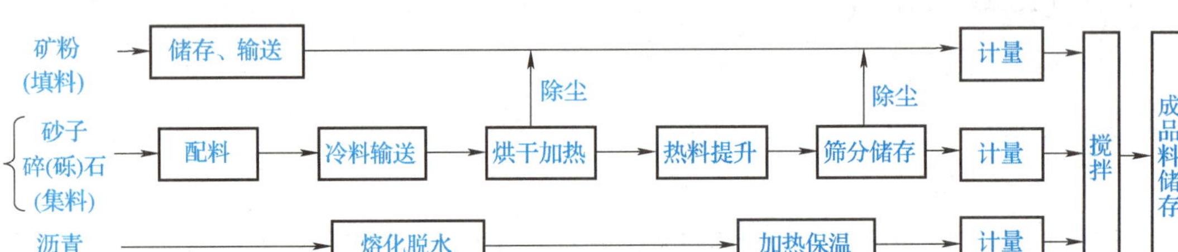


图 2-42　间歇式拌和设备的拌和流程

b．连续式拌和设备。

连续式拌和设备如图 2-43 所示，其拌和特点是：各种原料通过动态计量，连续不断地进入搅拌锅内，拌和好的成品料源源不断地从搅拌锅中卸出。

图 2-43　连续式拌和设备

如图 2-44 所示，连续式拌和设备的拌和流程是：配合好的粗、细冷集料与计量好的矿粉、沥青一起加入到干燥筒内进行加热搅拌，拌和的成品料进行提升，然后储存。

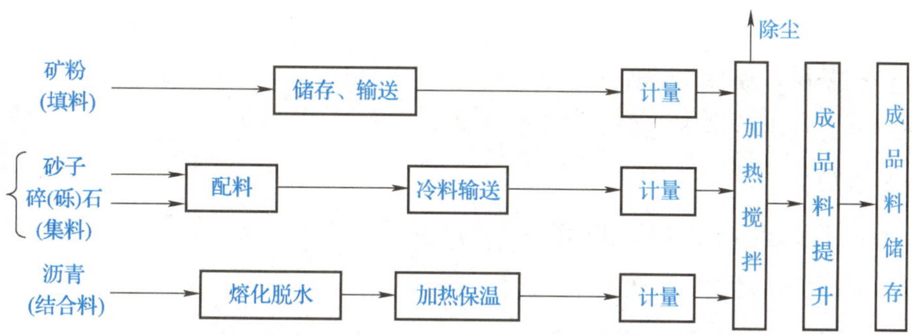


图 2-44　连续式拌和设备的拌和流程

② 沥青混合料摊铺机。

沥青混合料摊铺机是用来将拌和好的沥青混合料均匀地摊铺在基层上，并进行初步捣实和整平的设备。

沥青混合料摊铺机主要由操作台、供料设备（受料斗、刮板输送器）、工作装置（螺旋摊铺器、振动器和熨平板等）及行走装置等组成，如图 2-45 所示。

图 2-45　沥青混合料摊铺机

沥青混合料摊铺机的工作流程是：混合料从自卸车上卸到摊铺机的受料斗中，通过刮板输送器输送到摊铺室，在摊铺室由螺旋摊铺器横向摊开，随着摊铺机的行驶，这些被摊开的混合料被振动器初步捣实，接着再由熨平板修整成适当的横断面，并加以熨平或捣实熨平。

③ 沥青混合料压实机械。

热拌沥青混凝土面层施工采用的碾压机械主要有静力式碾压机械和振动式碾压机械两类，这两类碾压机械在前面已介绍过，在此不再赘述。

2）施工工序

热拌沥青混凝土面层施工的工序主要有清扫基层、浇洒透层沥青、施工放样、拌和沥青混合料、运输沥青混合料、摊铺沥青混合料、碾压沥青混合料、处理接缝、开放交通等。

（1）清扫基层、浇洒透层沥青。

同沥青表面处治面层施工。

（2）施工放样。

施工放样主要包括平面控制和标高控制两项内容。

- 平面控制：是指定出摊铺路面的边线位置。
- 标高控制：是指控制摊铺层的标高，以保证沥青混凝土面层的厚度。

（3）拌和沥青混合料。

沥青混合料必须在沥青拌和厂采用拌和设备进行拌和。拌和沥青混合料时，应注意确保各原料的配合比符合要求，拌和后的沥青混合料应均匀一致，无粗、细集料离析和结块现象。

（4）运输沥青混合料。

沥青混合料拌和好后，采用自卸汽车将其运输到铺筑现场，并卸至摊铺机的受料斗内，运输要点如下。

① 运输车辆的车厢应清洁干净，并且要涂抹一层薄的防黏剂，以防沥青混合料粘在车厢上。

② 在运输过程中，必须用篷布覆盖沥青混合料，以确保混合料的温度，如图 2-46 所示。

③ 运输车辆进入铺筑现场时，其轮胎上不得沾有污染路面的脏物（如泥土）。

④ 运输车辆宜在摊铺机前 10～30 cm 处停住，放置空挡，升起车厢，由摊铺机推着车辆一边前进、一边卸料，如图 2-47 所示。

图 2-46　用篷布覆盖沥青混合料

图 2-47　边前进边卸料

（5）摊铺沥青混合料。

沥青混合料通常采用摊铺机进行摊铺，摊铺要点如下。

① 摊铺前，摊铺机应根据所铺路段的宽度、厚度、拱度等施工要求，调整好参数。

② 摊铺机的受料斗应涂一层薄的防黏剂，以防沥青混合料粘在受料斗上。

③ 摊铺混合料时，摊铺机应匀速、连续不断地前进，不得随意变换速度或者中途停顿，前进速度宜为 2～6 m/min。

④ 摊铺机应在摊铺沥青混合料前 0.5～1.0 h 预热熨平板，预热温度不应低于 100℃。

⑤ 沥青混合料的松铺厚度应通过试验确定。

⑥ 混合料的摊铺对气温有要求。对于高速公路和一级公路，摊铺气温不得低于 10℃；对于其他等级公路，摊铺气温不得低于 5℃。

⑦ 采用两台摊铺机，分两幅摊铺时，两台摊铺机应成梯队（前后宜相隔 10～30 m）同时进行摊铺（见图 2-48），两幅之间应有重叠，重叠宽度宜为 5～10 cm。

图 2-48　两台摊铺机同时进行摊铺

提　示

当在狭窄路面或小规模工程摊铺沥青混合料，不能采用摊铺机时，可采用人工摊铺，如图 2-49 所示。

图 2-49　人工摊铺沥青混合料

（6）碾压沥青混合料。

摊铺后，即可采用压路机碾压沥青混合料，通常分三步进行，即初压、复压和终压。

① 初压。

初压一般紧跟在摊铺后进行（见图 2-50），碾压遍数宜为 1～2 遍。初压时，沥青混合料的温度应不低于 120℃。

图 2-50　初　压

② 复压。

复压通常紧跟在初压后进行（见图 2-51），碾压遍数宜为 4～6 遍。复压时，沥青混合料的温度应控制在 80～100℃。

图 2-51 复 压

③ 终压。

终压通常紧跟在复压后进行，碾压遍数不宜少于两遍。终压时，沥青混合料的温度应不低于 70℃。

## 注 意

在碾压沥青混合料时，应注意以下几点。

① 碾压轮应始终保持清洁，如果有沥青混合料粘轮，则应立即清除。通常，可以在碾压轮上涂刷防黏剂或喷洒雾状水，来防止沥青混合料粘轮。

② 压路机不得在未碾压成形的路段上转向、调头及停留等。

③ 当天碾压的、未冷却的沥青混合料面层上，不得停放任何机械设备或车辆，不得散落矿料、油料等杂物。

（7）处理接缝。

① 横向接缝。

横向接缝通常有平接缝、斜接缝和阶梯形接缝三种形式，如图 2-52 所示。

（a） （b） （c）

（a）平接缝 （b）斜接缝 （c）阶梯形接缝

图 2-52 横向接缝

高速公路和一级公路的横向接缝宜采用平接缝，其他等级公路的横向接缝可采用斜接缝，面层较厚公路的横向接缝可采用阶梯形接缝。不同形式接缝的施工要点如下。

- 平接缝：应在沥青混合料尚未冷透时，用凿岩机或人工垂直刨除端部层厚不足的部分，使工作缝成直角连接；刨除时，不得损伤下面的结构层，并且要将留下的杂物冲洗干净，待干燥后涂刷黏结沥青（起黏结作用）；铺筑新的沥青混合料前，应加热接茬使其软化；碾压开始时，应先用钢轮压路机进行横向碾压。
- 斜接缝：搭接长度宜为 0.4～0.8 m；搭接处应洒少量黏结沥青，剔除混合料中的粗集料，补上细集料，并整平、压实。
- 阶梯形接缝：搭接长度一般不宜小于 3 m；搭接处应通过铣刨做成台阶，并洒黏结沥青。

② 纵向接缝。

摊铺采用两台摊铺机成梯队方式作业时，两条相邻摊铺带的混合料都处于热状态，此时的接缝可采用热接缝的处理方法，即将已经摊铺部分留下 100～200 mm 宽不进行碾压，待后续摊铺部分碾压时，采用跨缝碾压的方法，以消除接缝的痕迹。

在施工中受到设备和场地条件等限制，不能趁混合料处于热状态处理接缝时，可采用冷接缝的处理方法，即在摊铺第一幅时，在靠近接缝的一侧设置挡板，挡板的高度与铺筑层的压实厚度相同，以便压路机压实边部并形成一个垂直面；摊铺另一幅前，拿掉挡板，将边缘清扫干净，并涂洒少量黏结沥青；摊铺时，新摊铺部分要和已摊铺部分重叠 5～10 cm；摊铺后，将重叠在已摊铺部分上的混合料通过人工铲除；碾压时，先在已压实路面上行走，然后跨缝挤压新摊铺部分，如图 2-53 所示。

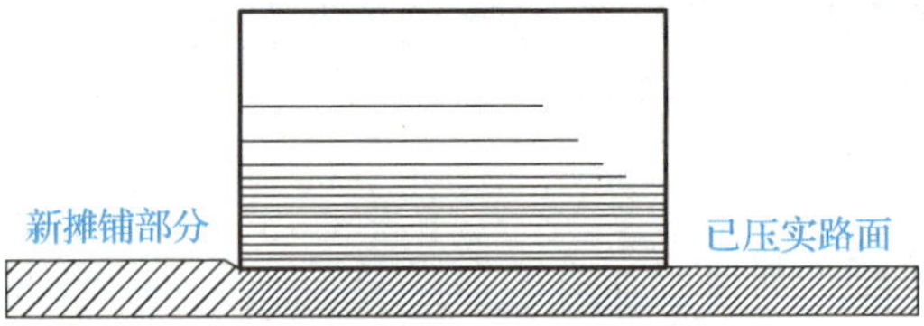


图 2-53　纵向接缝的冷接缝碾压示意图

在不设置挡板的情况下，碾压后的边部会成为一斜面，在摊铺相邻带之前，应将呈斜面部分切割成垂面，并涂上热的黏结沥青，然后再摊铺相邻带的沥青混合料；摊铺时，新摊铺部分要和已摊铺部分重叠 5～10 cm；摊铺后，将重叠在已摊铺部分上的混合料通过人工铲除；碾压时，先在已压实路面上行走，然后跨缝挤压新摊铺部分。

（8）开放交通。

热拌沥青混凝土面层施工完毕后，当表面温度低于 50℃时，方可开放交通。如果需要提早开放交通，则可洒水冷却，降低温度。

### 知识宝典

热拌沥青混凝土面层在雨季施工时，应注意以下几点。

① 运输车辆和施工现场应有防雨设施，并应做好基层和路肩的排水工作。

② 当遇雨或基层潮湿时，不得摊铺沥青混合料。对于未经压实便遭受雨水淋湿的沥青混合料，应全部清除，重新摊铺新的沥青混合料。

③ 注意天气预报，加强施工现场、沥青混合料拌和厂及气象台之间的联系，控制施工中路面的铺筑长度，确保各项工序衔接紧密。

### 任务实施

（1）将全班学生分成若干组，每组 4～5 人。

（2）老师利用多媒体播放一些沥青面层施工的视频，或带领学生去现场参观。

（3）各小组根据所学内容、所看视频或现场情况，总结施工要点，并写成报告形式，上交老师。

（4）老师按表 2-21 给各小组打分。

表 2-21　活动评价表

| 评分标准 | 满分 | 实际得分 | 备注 |
|---|---|---|---|
| 积极参与活动 | 20 | | |
| 报告内容扣题 | 40 | | |
| 报告文字流畅 | 20 | | |
| 其他 | 20 | | |
| 总分 | 100 | | |

## 任务 2.4　水泥混凝土面层施工

### 任务导入

某施工单位承接了某二级公路的水泥混凝土路面施工项目，合同段总长度为 36 km，路面结构为：15 cm 厚级配碎石底基层、20 cm 厚水泥稳定土基层、24 cm

厚水泥混凝土面层。其中，面层施工采用轨道式摊铺机摊铺法。

想一想：轨道式摊铺机摊铺法的施工流程是什么呢？

## 相关知识

### 2.4.1 水泥混凝土面层的概念与特点

水泥混凝土面层是指以水泥、水拌和成的水泥浆为结合料，以碎（砾）石、砂（石屑）为集料，再添加适当的外加剂、掺合料，拌制成水泥混凝土，然后将水泥混凝土铺筑在基层上形成的面层。

水泥混凝土面层具有抗压、抗拉强度高，耐磨性、耐久性好，水稳性、热稳性优，养护费用少，经济效益高等特点，是典型的刚性路面面层。

### 2.4.2 水泥混凝土面层的类型

水泥混凝土面层有现浇素混凝土面层（普通混凝土面层）、钢筋混凝土面层、连续配筋混凝土面层、预应力混凝土面层、装配式混凝土面层、钢纤维混凝土面层、混凝土预制块面层等。

目前，我国采用最广泛的水泥混凝土面层是设置接缝的现浇素混凝土面层，该面层除了接缝区和局部范围（边缘和角隅）外，其他地方不配置钢筋。下面主要介绍该面层的施工。

### 2.4.3 水泥混凝土面层的施工

#### 1. 施工准备

##### 1）组织准备

水泥混凝土面层施工的组织准备内容主要包括以下几个方面。

（1）建立路面施工组织机构。

（2）建立路面施工班组。

（3）编制路面施工管理规划。

（4）确定路面施工目标。

### 2）物质准备

（1）选定拌和场地。

施工前，应根据施工路线长度及所采用的运输工具，确定水泥混凝土拌和场地，也可沿施工路线选定几个场地，然后随着工程推进而进行迁移。

拌和场地的选定应考虑以下因素。

① 拌和场地应使运距最短，同时还要接近水源和电源。

② 拌和场地应有存放砂石等材料及搭建水泥库房的地方。

（2）准备材料。

水泥混凝土面层施工主要需要准备水泥、水、细集料、粗集料、外加剂、掺合料等。

① 水泥。

水泥混凝土面层选用的水泥材料应符合下列要求。

a．水泥的品种、强度等级、生产厂家及牌号应符合混凝土配合比通知单的要求。

b．极重、特重、重交通荷载等级公路面层水泥混凝土，应采用旋窑生产的道路硅酸盐水泥、硅酸盐水泥或普通硅酸盐水泥。

c．中、轻交通荷载等级公路面层水泥混凝土，可采用矿渣硅酸盐水泥。

d．高温期施工宜采用普通型水泥，低温期施工宜采用早强型水泥。

② 水。

水泥混凝土面层采用的水宜为饮用水。

③ 细集料。

水泥混凝土面层采用的细集料可为粒径小于 5 mm 的天然砂、人工砂或石屑。天然砂有河砂、海砂、山砂、沉积砂等；人工砂有机制砂、工业废渣砂、尾矿砂等。

**提　示**

高速公路和一级公路应优先选用河砂，因为河砂干净、质量好。

④ 粗集料。

水泥混凝土面层采用的粗集料可为粒径大于 5 mm 的碎（砾）石。碎（砾）石应耐久、洁净，其形状应接近立方体，表面应粗糙，空隙率和比表面积应比较大，最大粒径应不超过 40 mm。

⑤ 外加剂。

外加剂是改善水泥混凝土性能的化学物质。例如，掺入引气减水剂，可以改善水泥混凝土的抗冻性。水泥混凝土面层使用的外加剂应符合下列要求。

a．外加剂的品种、生产厂家及牌号应符合配合比通知单的要求。

b．外加剂应有出厂质量证明、使用说明，以及有关指标的进场试验报告。

c．国家规定要求认证的产品，还应有准用证件。

d．外加剂的掺量应通过试验确定。

⑥ 掺合料。

掺合料（如粉煤灰、矿渣粉及硅灰等）是为了改善水泥混凝土性能、节约用水、调节水泥混凝土强度等级，在水泥混凝土拌和时掺入的粉状矿物质。

各种掺合料在使用前，应进行水泥混凝土配合比试配检验与掺量优化试验，确认面层水泥混凝土的弯拉强度、抗磨性、工作性、抗冰冻性、抗盐冻性等指标满足设计要求。

（3）准备施工设备。

水泥混凝土面层施工采用的设备主要有拌和设备、摊铺设备、振捣设备、碾压设备和一些小型机具等。

### 3）技术准备

水泥混凝土面层施工的技术准备内容主要包括以下几个方面。

（1）进行技术交底。

（2）相关人员熟悉设计文件。

（3）编制切实可行的施工组织设计。

（4）建立现场试验室。

（5）检验原材料。

### 4）进行材料试验和水泥混凝土配合比设计

根据技术设计要求与当地材料供应情况，做好水泥混凝土各组成材料的试验，并进行水泥混凝土各组成材料的配合比设计。

### 5）检查与修整基层

施工前，应检查基层的宽度、路拱、线形、平整度和压实度是否符合要求，如有不符之处，应予以修整。在摊铺水泥混凝土前，应洒水湿润基层表面，以免混凝土底部的水分被干燥的基层吸去而变得疏松，以致产生细裂缝。

### 6）铺筑试验路段

施工前，应铺筑试验路段，通过试验路段，对施工整个过程的人、机、物、料的配给、使用和管理进行评价和总结，然后制定一套科学的施工管理体系；对施工技术、施工工艺、现场质量保证措施等细节进行经验总结和数据收集；综合试验路段施工过程中的成功经验和存在的缺陷，以及采取的补救措施，确定最佳施工方案。

**注 意**

试验路段的铺筑长度应不小于 100 m。

### 2. 水泥混凝土的拌和

水泥混凝土的拌和通常有预拌法和场拌法两种方法。

- **预拌法**：是指水泥混凝土在中心工厂通过搅拌楼进行集中拌和，然后通过汽车运输到施工现场，如图 2-54 所示。

图 2-54　预拌法

- **场拌法**：是指水泥混凝土在施工现场采用强制式搅拌机（见图 2-55）或自落式搅拌机（见图 2-56）进行拌和。

图 2-55　强制式搅拌机

图 2-56　自落式搅拌机

1）预拌法施工

预拌法的施工流程如图 2-57 所示。

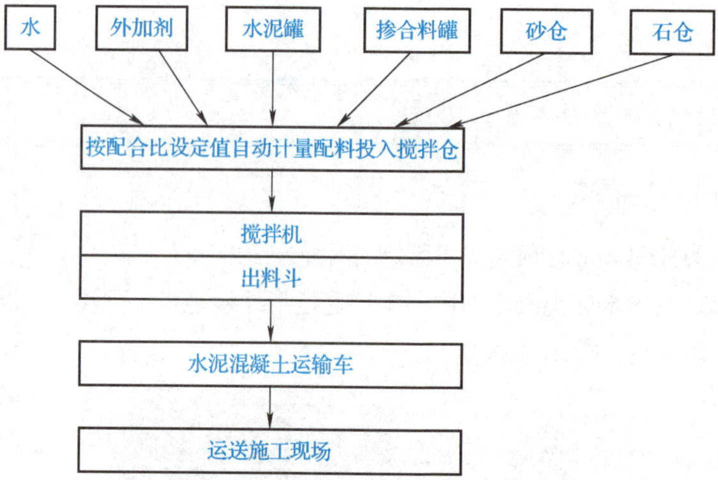


图 2-57　预拌法的施工流程

采用预拌法拌和水泥混凝土时，应注意以下几点。

（1）在搅拌前，应根据当日生产配合比和任务单，检查原材料的品种、规格、数量及设备的运转情况，并作好记录。

（2）搅拌楼应实行配合比挂牌制，即按工程名称、部位分别注明每盘材料的重量。

（3）应每天测定砂、石含水率，根据含水率调整加水量，并作好调整记录。

（4）严格按照配合比计量各原材料，并且相关人员要抽查配合比的执行情况。

（5）投料顺序一般为：先投砂石，再投水泥，最后加水。掺合料宜与水泥同步，外加剂宜滞后于水泥。

（6）搅拌时间可参照搅拌机使用说明，经试验调整确定。

（7）搅拌时，应随时观察搅拌设备的工作情况。如果发现异常，则应及时向相关人员反映。

（8）按照标准严格控制对周围环境的污染。

2）场拌法施工

场拌法的施工流程如图 2-58 所示。

采用场拌法拌和水泥混凝土时，应注意以下几点。

（1）搅拌前，应对搅拌机及上料设备进行检查和试运转；对所用计量器具进行检查并定磅；校对施工配合比。

（2）搅拌前，应对所用原材料的规格、品种、产地、牌号及质量进行检查；对砂、石的含水率进行检查，如有变化，应及时通知相关人员调整用水量。

（3）水泥混凝土搅拌的最短时间应符合表 2-22。

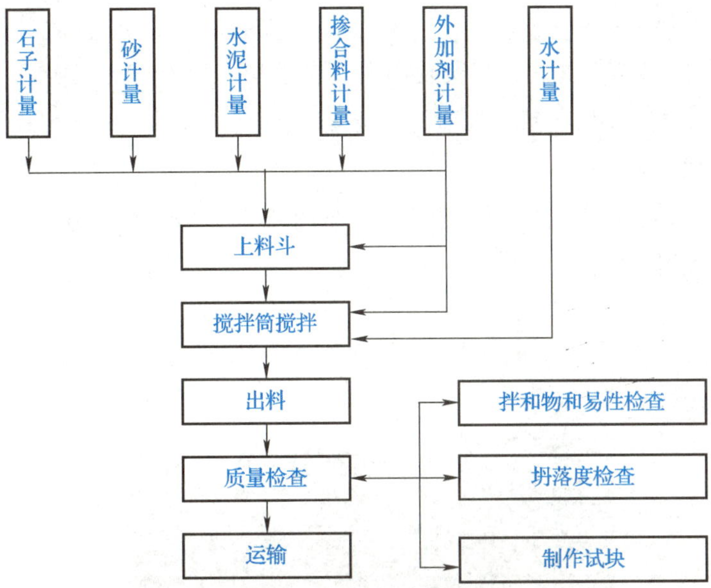


图 2-58　场拌法的施工流程

表 2-22　混凝土搅拌最短时间

单位：s

| 坍落度/mm | 搅拌机类型 | 搅拌机出料量/L | | |
|---|---|---|---|---|
| | | ＜250 | 250～500 | ＞500 |
| ≤30 | 强制式 | 60 | 90 | 120 |
| | 自落式 | 90 | 120 | 150 |
| ＞30 | 强制式 | 60 | 60 | 90 |
| | 自落式 | 90 | 90 | 120 |

注：① 水泥混凝土搅拌的最短时间是指从材料全部装入搅拌筒到开始卸料的时间。

② 当掺有外加剂与掺合料时，搅拌时间应适当延长。

③ 冬期施工搅拌时间应为常温施工搅拌时间的 1.5 倍。

（4）最后要检查水泥混凝土的拌和质量。拌和的水泥混凝土应具有良好的流动性、黏聚性和保水性，不泌水、不离析。不符合要求时，应查找原因，及时进行调整。

## 提 示

由于采用预拌法生产出的混凝土质量高、稳定性和均匀性好，因此在有条件的情况下应优先选用预拌法。

### 3. 水泥混凝土面层的施工方法

#### 1）人工摊铺法

人工摊铺法的施工工序主要有安装模板（立模）、设置钢筋、摊铺、振捣、修整表面、防滑处理、养护、拆模、接缝处理、填缝等。

（1）安装模板（立模）。

水泥混凝土摊铺前，应先安装两侧模板（见图 2-59），模板宜采用钢模板，弯道部位及小型工程也可采用木模板。

图 2-59　安装两侧模板

安装模板要点如下。

① 模板应按照预先标定位置安装在基层上，两端用铁钎打入基层，以固定位置。

② 模板底部与基层之间如果出现间隙，则应用水泥砂浆填塞，以防漏浆。

③ 在施工中，要严格控制并校验模板的平面位置和高程，因为模板稍有歪斜或不平，会导致面层边线不齐、厚度不准或出现波浪现象。

④ 模板内部应涂刷脱模剂，以便拆模。

（2）设置钢筋。

对于交通繁重的道路，应在水泥混凝土面层的边缘和角隅设置钢筋。

（3）摊铺。

水泥混凝土运送到摊铺地点后，如果没有出现离析现象，则可直接倾倒在安装好的侧模内，并人工找补均匀，如图 2-60 所示。

图 2-60　摊铺水泥混凝土

注 意

运送到摊铺地点后，如果水泥混凝土出现离析现象，则需重新搅拌均匀后进行摊铺。

摊铺水泥混凝土时，应注意以下几点。

① 摊铺前，应将摊铺面上的杂物清除干净并洒水湿润。

② 当面层厚度不超过 24 cm 时，可一次摊铺；当超过 24 cm 时，应分两次摊铺，下层厚度宜为总厚度的 3/5。

③ 摊铺时，应考虑水泥混凝土振捣后的沉降量，摊铺厚度宜高于模板 2～3 cm。

（4）振捣。

摊铺一定长度的水泥混凝土后，即可进行振捣。振捣步骤一般为：首先，用插入式振动器进行振捣（见图 2-61），振捣时应先振捣边缘，再振捣其他部位；然后，用平板式振动器进行纵横交错振捣（见图 2-62）；最后，用振动梁进行拖平振捣，并配备人工补料或挖料，如图 2-63 所示。

图 2-61　插入式振动器振捣

图 2-62　平板式振动器振捣

图 2-63　振动梁拖平振捣

振捣时，应注意以下几点。

① 插入式振动器的振捣间距不宜大于作用半径的 1.5 倍，与模板的距离不应大于作用半径的 0.5 倍。

② 分层浇筑时，插入式振动器应上下抽动，抽动幅度宜为 5～10 cm，并且要插入下一层中约 5 cm 左右，以促使上、下层结合成一个整体。

③ 平板式振动器应成排依次振捣前进，并且平板应覆盖已振实部分边缘，一般应重叠 3～5 cm。

④ 插入式振动器和平板式振动器在每一处振动的持续时间，应以水泥混凝土不冒气泡、不下沉并泛出砂浆为度。

⑤ 当采用振动梁拖平振捣时，要确保其底部干净整洁。

（5）修整表面。

振捣后，在水泥混凝土终凝前，应采用人工或机械修整表面。

人工修整时，先用大抹子反复粗平（见图 2-64），再用铁抹板拖平（见图 2-65），最后用小抹子精平（见图 2-66），使表面的平整度符合要求。

图 2-64　大抹子粗平

图 2-65　铁抹板拖平

图 2-66　小抹子精平

机械修整时，抹平机上先安装圆盘（见图 2-67）进行粗平，然后再安装细抹叶片（见图 2-68）进行精平。

图 2-67　安装圆盘的抹平机

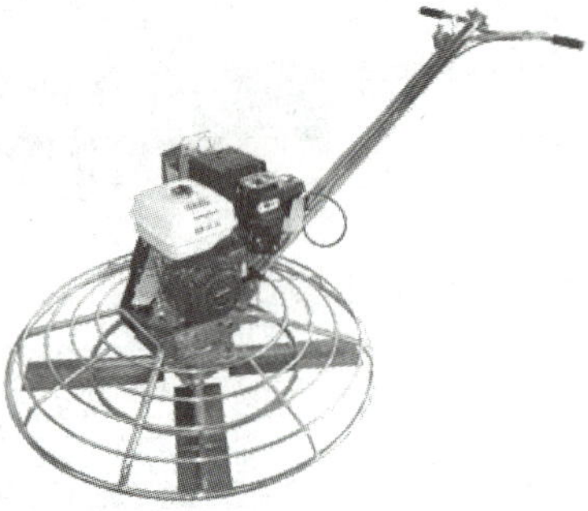

图 2-68　安装细抹叶片的抹平机

（6）防滑处理。

为保证行车安全，水泥混凝土面层应具有一定的粗糙度，一般是在修整后的水泥混凝土面层上用棕刷进行拉毛处理，如图 2-69 所示。

图 2-69　拉毛处理

（7）养护。

水泥混凝土浇筑结束后，应及时进行养护，以保持水泥在硬化过程中有足够的水分，并防止收缩裂缝产生。水泥混凝土面层的养护时间一般为 14～21 d，养护方法通常有湿治养护法、塑料喷膜养护法和覆盖薄膜布养护法。

① 湿治养护法。

湿治养护法是指采用湿麻袋（见图 2-70）、草帘、湿砂、锯末屑等覆盖在水泥混凝土表面，每天均匀洒水 2～3 次，以达到养护目的的方法。

图 2-70　用湿麻袋覆盖水泥混凝土表面

这种方法的优点是养护效果较好，可以避免水泥混凝土被阳光直接照射，减小其上下温差，从而防止裂缝产生，缺点是用水较多。

② 塑料喷膜养护法。

塑料喷膜养护法是指在水泥混凝土表面上均匀喷洒塑料溶液，以形成不透水的塑料薄膜，使水泥混凝土与空气隔绝，阻止水分蒸发，从而确保水泥水化作用正常进行，以达到养护目的的方法，如图 2-71 所示。

图 2-71　塑料喷膜养护法

这种方法的优点是节约用水，缺点是需要采用专门设备，工艺比较烦琐。

③ 覆盖薄膜布养护法。

覆盖薄膜布养护法是指将不透水、不透气的薄膜布覆盖在水泥混凝土表面上进行养护的方法，如图 2-72 所示。

图 2-72　覆盖薄膜布养护法

这种方法的优点是工艺简单、操作方便、节约用水，缺点是烈日下需要搭设防晒棚。

（8）拆模。

当水泥混凝土强度达到设计强度时，即可进行模板拆除工作，步骤一般为：先拆除固定部件，再用小铁锤或木槌轻击模板，待模板与水泥混凝土之间出现缝隙后，用铁橇在多处位置插入缝隙，慢慢向外撬动模板，直至模板与水泥混凝土面层脱离。

拆模时，应注意以下几点。

① 拆模时间应由试验确定。当采用普通水泥混凝土时，最早拆模时间一般应符合表 2-23 所示的规定。

表 2-23　最早拆模时间

| 昼夜平均气温/℃ | 5 | 10 | 15 | 20 | 25 | 大于 30 |
|---|---|---|---|---|---|---|
| 最早拆模时间/d | 60 | 48 | 36 | 24 | 18 | 12 |

注：拆模时间为水泥混凝土成形后至拆模时所经的时间。

② 拆模不宜用力过猛，以免损坏水泥混凝土面层的边角和表面。

③ 拆下的模板应有序地平放，并清除模板上的黏附物。

④ 对于损坏的模板，应及时修整，以便周转使用。

（9）接缝处理。

水泥混凝土面层施工时，一般会设置横缝和纵缝，如图 2-73 所示。

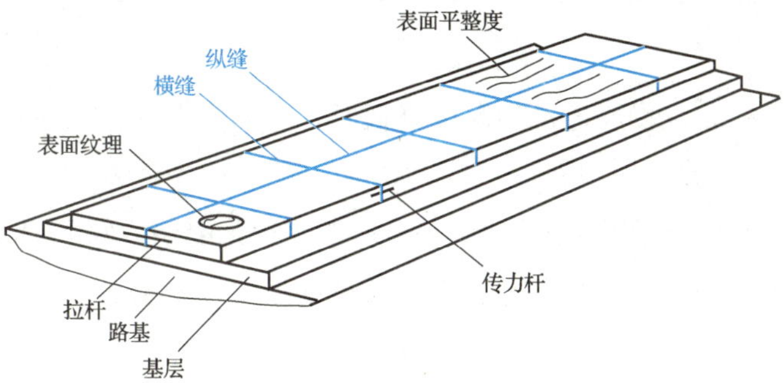


图 2-73　设置横缝和纵缝

① 横缝。

横缝通常有胀缝和缩缝两种。

a．胀缝。

胀缝一般设置于板厚改变处、转弯处等，通常每隔 150～200 m 设置一道，当温度升高时，其可以防止水泥混凝土因膨胀而拱起。

胀缝设置的方法一般为：如图 2-74 所示，在需要设置胀缝的位置固定预留圆孔的嵌缝板；将传力杆穿过圆孔，并使其两端固定在钢筋支架上，支架脚插入基层内；嵌缝板上面设置压缝板条，右边放置胀缝模板，胀缝模板下部应挖成倒 U 形槽，以便传力杆通过；摊铺水泥混凝土时，先摊铺胀缝一侧，完成后取掉胀缝模板，再摊铺另一侧；在水泥混凝土振捣完毕、初凝之前，取出压缝板条，然后在缝隙内填料。

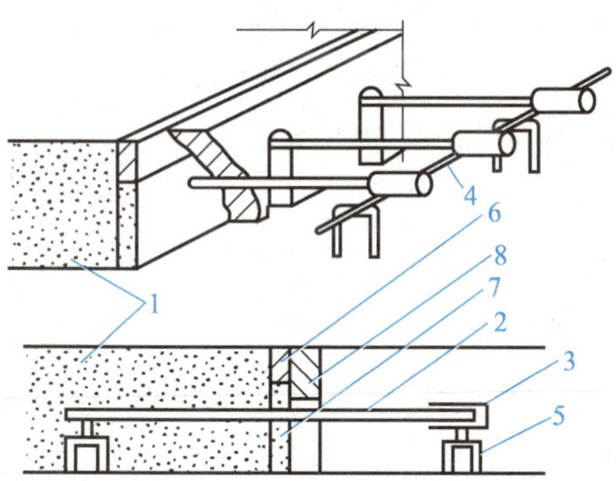


1—先浇的水泥混凝土；2—传力杆；3—套管；4—钢筋；
5—支架；6—压缝板条；7—嵌缝板；8—胀缝模板。

图 2-74　胀　缝

## 注 意

压缝板条在使用前应涂刷废机油或润滑油，以便抽出。在抽出压缝板条时，为确保两侧水泥混凝土不被扰动，可用木板条压住两侧混凝土。抽出后，可用抹板抹平。

b．缩缝。

缩缝通常每隔 5 m 设置一道，当温度降低时，其可以防止水泥混凝土因收缩而产生裂缝。

缩缝的施工方法有切缝法和锯缝法两种，一般采用锯缝法，即在混凝土强度达到设计强度的 25%～30%时，采用锯缝机锯割出要求深度的槽口，如图 2-75 所示。

图 2-75 锯缝法

采用锯缝法时，要注意掌握锯缝时间，因为过早会使槽口边缘损坏；过晚会因水泥混凝土过硬使锯片磨损。

## 提 示

胀缝两侧的水泥混凝土板块是断开的，所以其为真缝形式。缩缝（见图 2-76）只设置在水泥混凝土板的上部，所以其为假缝形式。

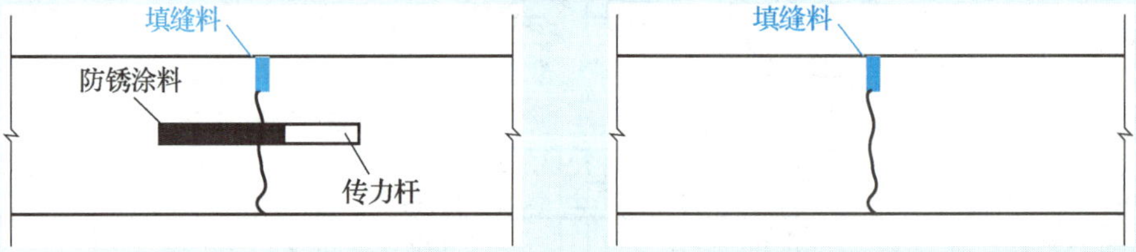


（a） （b）

（a）设传力杆的缩缝 （b）无传力杆的缩缝

图 2-76 缩 缝

② 纵缝。

纵缝是指在水泥混凝土面板上设置的平行于道路中线的缝，其可以减少水泥混凝土面板因温度变化而产生翘曲及收缩应力，一般采用拉杆连接两幅面板。

纵缝的设置方法一般为：模板预先设孔，在摊铺水泥混凝土时，将拉杆穿入孔中（见图 2-77）；拆模后，在已浇筑水泥混凝土面板的缝壁上涂刷沥青（勿涂在拉杆上），再浇筑相邻的水泥混凝土面板；最后将两幅面板的接缝处锯成槽口，如图 2-78 所示。

图 2-77　将拉杆穿入孔中

图 2-78　锯成槽口

（10）填缝。

一般在水泥混凝土初凝后，即可进行填缝工作，如图 2-79 所示。

图 2-79　填　缝

填缝时，应注意以下几点。

① 填缝前，应先清除缝隙内的泥砂等杂物。

② 常用的填缝料有加热施工式填缝料和常温施工式填缝料两大类。加热施工式填缝料主要有沥青橡胶、聚氯乙烯胶泥、沥青玛蹄脂；常温施工式填缝料主要有聚氨酯填缝胶、聚硫脂填缝胶，以及氯丁橡胶、乳化沥青橡胶等。

③ 缝隙要填充密实。在夏天填缝时，填料应与水泥混凝土表面齐平；在冬天填缝时，填料宜稍低于水泥混凝土表面。

2）轨道式摊铺机摊铺法

轨道式摊铺机摊铺法是指摊铺机在导轨上移动推进时，将倾斜在基层上或摊铺机箱内的水泥混凝土拌和物，均匀地摊铺在基层上，如图 2-80 所示。

图 2-80　轨道式摊铺机摊铺法

轨道式摊铺机摊铺法的施工工序有安装导轨与模板、摊铺、振捣、修整表面、防滑处理、养护、拆模、接缝处理、填缝等，下面主要介绍安装导轨与模板、摊铺、振捣，其他工序同人工摊铺法。

（1）安装导轨与模板。

摊铺机的导轨一般固定在模板上，形成轨模，然后统一进行安装。形成的轨模既是面层侧模，又是摊铺机的行走轨道，安装时应注意以下几点。

① 轨模是控制面层厚度的基准，安装时要确保其高程的精度。

② 轨模应能承受机组的重量，有足够的横向刚度。

③ 轨模数量应能满足施工进度和周转要求。

（2）摊铺。

轨模安装好后，即可采用轨道式摊铺机进行摊铺，摊铺要点如下。

① 摊铺前，应对基层表面进行洒水湿润，不能形成积水，也不能留有干的表面。

② 摊铺时，将摊铺机就位，并进行调试，使其有与路面横坡度相同的倾斜度，并将刮板调至轨模标高。

③ 摊铺现场，应设专人指挥卸料，确保卸料均匀，不能亏料，可适当富余，但不能富余太多，以防刮至模板外。

④ 摊铺的间断时间应不大于水泥混凝土的初凝时间。

⑤ 当摊铺到胀缝位置时，应按照胀缝设计要求设置胀缝和安装传力杆，传力杆范围内的水泥混凝土可采用人工振捣与修整。

⑥ 摊铺时，摊铺机两侧应各设一名辅助操作员，以保证摊铺机的运行安全和摊铺质量。

⑦ 摊铺后，要对拉杆进行调整，以确保其位置正确。

（3）振捣。

摊铺机摊铺后，应采用振动器进行振捣，一方面可弥补摊铺机初平的缺陷，另一方面还可将松铺的水泥混凝土振捣到设计标高。

### 3）滑模式摊铺机摊铺法

滑模式摊铺机摊铺法是指采用滑模式摊铺机摊铺水泥混凝土的方法，其特点是摊铺机不需要人工设置轨模，本身自带模板，可以一次完成摊铺、振捣、整平、安装传力杆和拉杆等多道工序，如图 2-81 所示。

图 2-81　滑模式摊铺机摊铺法

滑模式摊铺机摊铺法的施工工序主要包括施工放样、摊铺机性能检查与参数设定、摊铺机就位与调整、摊铺、振捣、修整、人工检查与抹平等。

（1）施工放样。

滑模式摊铺机两侧分别装有导向传感器和高程传感器，传感器感应导向线来控制摊铺厚度和摊铺方向。摊铺前，应根据设计规定架设传感器的导向线。

（2）摊铺机性能检查与参数设定。

摊铺前，应对摊铺机进行性能检查与参数设定（如发动机功率、摊铺厚度、摊铺速度等），以确保摊铺出高质量的面层。

（3）摊铺机就位与调整。

摊铺机进入摊铺现场安装后，停在起始位置，然后使两侧模板基本与导向线平行，启动发动机和自动方向调整系统，慢慢向工作方向行驶，并调整传感器，使两侧模板与导向线完全平行，以及模板到导向线的距离符合设计要求。

（4）摊铺、振捣、修整。

滑模式摊铺机的摊铺、振捣、修整过程如下。

如图 2-82 所示，首先，螺旋桨摊铺器将堆积在基层上的水泥混凝土拌和物横向铺开，刮平器进行初步刮平；然后，振动器进行振捣密实，刮平板进行振捣后的整平，以形成密实、平整的表面，搓动式振动板作进一步的振实和整平；最后，光面带对面层进行光面修整。

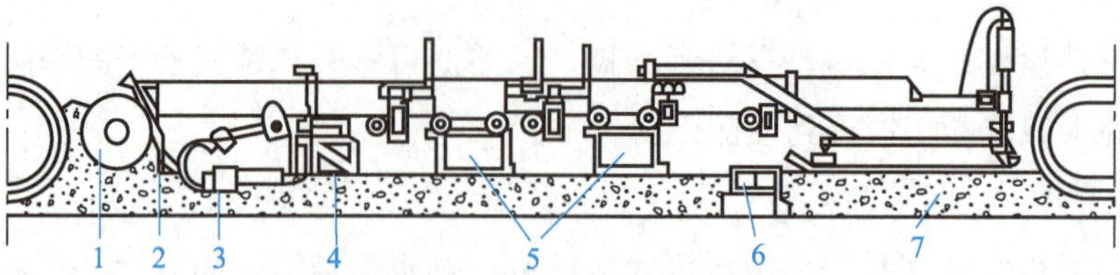


1—螺旋桨摊铺器；2—刮平器；3—振动器；4—刮平板；
5—搓动式振动板；6—光面带；7—水泥混凝土面层。

图 2-82　滑模式摊铺机的摊铺过程

### 知识宝典

在摊铺的过程中，可根据路面的设计要求，在一侧或两侧安装纵向接缝的拉杆。

（5）人工检查与抹平。

滑模式摊铺机摊铺后的面层，应通过人工检查并及时对有缺陷的部分进行修整抹平，同时还应及时检测路面的平整度和标高。

## 任务实施

（1）将全班学生分成若干组，每组 4～5 人。

（2）老师利用多媒体播放一些水泥混凝土面层施工的视频，或带领学生去现场参观。

（3）各小组根据所学内容、所看视频或现场情况，总结施工要点，并写成报告形式，上交老师。

（4）老师按表 2-24 给各小组进行打分。

表 2-24　活动评价表

| 评分标准 | 满分 | 实际得分 | 备注 |
|---|---|---|---|
| 积极参与活动 | 20 | | |
| 报告内容扣题 | 40 | | |

（续表）

| 评分标准 | 满分 | 实际得分 | 备注 |
|---|---|---|---|
| 报告文字流畅 | 20 | | |
| 其他 | 20 | | |
| 总分 | 100 | | |

## 拓展阅读

### 我国路面的发展历程

我国的路面发展主要经历了砂石路面、渣油路面、普通公路路面和高速公路路面四个阶段。

#### 1．砂石路面阶段

20 世纪 60 年代以前，我国的公路主要是砂石路面（见图 2-83），其最基本的材料是砂石料和黏土，特点是：晴天扬土，雨天泥泞。

图 2-83　砂石路面

#### 2．渣油路面阶段

20 世纪 60 年代，随着大庆油田的开发，生产出了渣油（一种不合格的沥青材料），并随着石灰稳定土材料的发展，我国开始采用渣油面层加石灰稳定土基层的路面结构形式。渣油路面如图 2-84 所示。

图 2-84　渣油路面

### 3. 普通公路路面阶段

20 世纪 70 年代，随着胜利油田 923 原油和孤岛原油的开发，生产出了合格的沥青材料。由于该沥青材料质量较差，在其中掺入碎石形成的沥青碎石成为我国很多普通公路路面（见图 2-85）开始采用的面层形式，基层一般为石灰碎石土。

图 2-85　普通公路路面

### 4. 高速公路路面阶段

20 世纪 80 年代，随着高速公路的发展，我国开始进口国外高质量沥青，同时开始研制和生产重交通沥青。此时，沥青混凝土成为高速公路路面（见图 2-86）采用的主要面层形式，基层主要采用水泥稳定土、石灰稳定土、石灰工业废渣稳定土等。

图 2-86　高速公路路面

## 素质讲堂

### 三十年如一日的公路“守护神”

有那么一个人，他没有豪言壮语，却用实际行动默默守护着奉新公路的安全与畅通；他没有惊人之举，却将自己的梦想熔铸在公路事业中，他是奉新公路的“守护神”温之泗。自 1992 年参加工作以来，温之泗一直在奉新县交通运输局工作，长期从事公路建设养护工作，见证了奉新公路嬗变。温之泗 2006 年被评为江西省交通系统先进工作者称号；2008年被宜春市委、市政府评为宜春市抗寒救灾工作先进个人；2011年被宜春市委评为全市优秀共产党员；2016年荣获江西省交通运输厅颁发的“十二五”全省公路养护先进个人荣誉称号。

温之泗自1992年8月学校毕业分配以来，一直在奉新县交通运输局工作，长期从事公路建设养护工作。本着“干一行，爱一行，专一行，精一行”的敬业精神，在实际工作中熟悉业务和工作环境，虚心向他人学习。在工作中抓住一切机会努力学习专业知识。他深知，文凭不代表水平，要把本职工作做好，必须要有真才实学。除了在实际工作中不断积累经验之外，他还抓住各种机会努力提升自己，通过全国统一组织的考试，陆续取得了道路桥梁和市政工程一级建造师、道路桥梁监理工程师资格。

2016年6月18日，奉新县遭受暴雨侵袭，全县公路桥梁损毁严重。6月19日凌晨两点，温之泗放心不下天工大道旁两个地势低洼的村庄，决定亲自到现场察看。驱车来到现场，他看见两个村庄的进村道路都没有被水淹，一颗悬着的心也就放下了。然后他继续沿着天工大道察看，察看边沟是否堵塞，以防路面积水，影响过往车辆行人安全。在确定没有安全隐患并向领导报告情况后才回去，到家后已是凌晨四点半。

6月19日白天，温之泗冒雨来到赤岸镇港口桥察看水毁情况，发现有安全隐患，他立即与赤岸镇取得了联系，调派人员、机械，拖运砂石封堵桥梁两端，禁止车辆行人通行，设置明显的安全标志标识，并在附近路口张贴告示，告知行人、车辆绕行。

一分耕耘，一分收获，回望自己走过的路，温之泗用汗水诠释自己对交通事业的无限热爱和追求，正是因为他满腔的挚爱，矢志不渝的坚守，持之以恒的追求，他在自己平凡的岗位上做出了不平凡的业绩，演绎出精彩的人生。

（资料来源：http://www.chinahighway.com/article/65380200.html，有改动）

## 复习思考题

### 1. 选择题

（1）路面通常是多层结构，从上到下分别为面层、基层和垫层，其中________是直接与车辆、大气接触的结构层。

A．基层　　B．垫层

C．面层　　D．路基

（2）水泥稳定土基层用作高速公路和一级公路基层时，土的单个颗粒最大粒径不得超过________。

A．31.5 mm　　B．35.5 mm

C．38.5 mm　　D．41.5 mm

（3）填隙碎石用作基层时，粗碎石的最大粒径不应超过__________；填隙碎石用作底基层时，粗碎石的最大粒径不应超过 63.0 mm。

A．45.0 mm　　B．48.0 mm

C．50.0 mm　　D．53.0 mm

（4）__________的矿料级配按最大密实原则进行设计，颗粒尺寸连续多样，面层的强度和稳定性主要取决于沥青与矿料之间的黏结力，以及矿料颗粒之间的摩擦力。

A．密实型沥青面层　　B．嵌挤型沥青面层

C．沥青面层　　D．水泥混凝土面层

（5）__________是指在压实的碎石层上，分层洒布沥青，撒布嵌缝料，再在上部铺筑封层，然后压实形成的沥青面层。

A．沥青表面处治面层　　B．沥青贯入式面层

C．沥青碎石面层　　D．沥青混凝土面层

（6）____________是指沥青加热到流动状态，与矿料在一定温度下拌和成混合料，然后在热态下进行摊铺、压实形成的沥青面层。

A．热拌沥青混凝土面层　　B．冷拌沥青混凝土面层

C．再生沥青混凝土面层　　D．沥青玛蹄脂碎石面层

（7）水泥混凝土面层施工前，应铺筑试验路段，试验路段的铺筑长度应不小于__________。

A．80 m　　B．90 m

C．100 m　　D．120 m

（8）____________是指水泥混凝土在施工现场采用强制式搅拌机或自落式搅拌机进行拌和。

A. 路拌法　　B. 预拌法

C. 场拌法　　D. 厂拌法

（9）缩缝通常每隔__________设置一道，当温度降低时，其可以防止水泥混凝土因收缩而产生裂缝。

A. 2 m　　B. 3 m

C. 4 m　　D. 5 m

（10）插入式振动器的振捣间距不宜大于作用半径的_________倍，与模板的距离不应大于作用半径的 0.5 倍。

A. 1.4　　B. 1.5

C. 1.6　　D. 1.7

## 2. 填空题

（1）半刚性基层通常包括_________________、_______________、石灰工业废渣稳定土基层三种。

（2）土中掺入足量的石灰、水形成混合料，经过拌和、压实、养护后，当抗压强度达到规定时，即可得到石灰稳定土，利用石灰稳定土建成的基层称为_______________。

（3）水泥稳定土基层的施工方法主要有路拌法和_________。

（4）水泥混凝土的拌和通常有__________和场拌法两种方法。

（5）__________是指具有一定级配的集料和适量的沥青，在规定的条件下均匀拌和，经摊铺、压实形成的沥青面层。

## 3. 简答题

（1）路面应具备哪些要求？

（2）按照施工方法不同，沥青面层可分为哪些面层？

（3）简述沥青表面处治面层的施工流程。

（4）简述水泥混凝土面层的人工摊铺法施工流程。

# 项目 3

# 道路附属工程施工

## 导读

道路附属工程是为道路主体做辅助的配套工程，包括路缘石、检查井、雨水口、雨水口支管、人行道等工程，它们虽然不是道路的主体结构，但发挥着不可或缺的作用，其施工质量的好坏会影响道路主体结构的稳定，因此要重视道路附属工程的施工，严格把控每个施工环节，确保施工质量。

### 知识目标

（1）了解路缘石、检查井、雨水口、雨水口支管、人行道的基本概念。

（2）掌握路缘石、检查井、雨水口、雨水口支管、人行道的施工内容。

### 技能目标

（1）能识别路缘石、检查井、雨水口、雨水口支管、人行道等。

（2）能进行路缘石、检查井、雨水口、雨水口支管、人行道等施工。

### 素质目标

（1）具有深厚的爱国情感和中华民族自豪感。

（2）树立严谨、务实的学习和工作态度。

（3）树立爱岗敬业、团结协作、实事求是、认真负责的工作作风。

（4）树立遵纪守法、安全生产、文明作业的职业意识。

# 任务 3.1 路缘石施工

## 任务引入

道路两边的路缘石，俗称“马路牙子”，颜色通常为灰色，并不起眼。而汉口的京汉大道两边路缘石却玩起了与众不同，其颜色绿灰相间，让人眼前一亮，引起了广泛关注，让市民直呼：连马路牙子也玩起了“小清新”！

据了解，京汉大道两边的路缘石粉刷了特定油漆，不仅美观，而且还具有耐磨、抗冲洗、抗紫外线等特点。

想一想：路缘石都有哪些类型？它们是如何施工的呢？

## 相关知识

### 3.1.1 概述

路缘石是指铺设在路面边缘或标定路面界限的界石，也称为道牙或缘石。路缘石主要有平缘石、立缘石和专用路缘石三种。

- 平缘石（又称平石）：是指顶面与路面平齐的路缘石，如图 3-1 所示。当采用两侧明沟排水时，常设置平缘石，以利排水，也方便施工中的碾压作业。

图 3-1 平缘石

➢ **立缘石（又称侧石）：**是指顶面高出路面的路缘石，如图 3-2 所示。立缘石通常设置在道路两侧或分隔带、中心岛四周，主要用于分隔车行道与人行道、车行道与分隔带、车行道与中心岛等，以维护交通安全。

图 3-2　立缘石

**提　示**

平缘石与立缘石通常制作在一起，形成 L 形路缘石。

➢ **专用路缘石：**是指具有一些特殊作用的路缘石，如反光路缘石（见图 3-3）。

图 3-3　反光路缘石

### 3.1.2　施工

路缘石的施工工序主要包括基础施工、施工放样、安装路缘石、回填石灰土、勾缝等。

#### 1. 基础施工

路缘石的基础施工应与路基同时进行。

### 2. 施工放样

基础施工后，校核路面中线，然后在路面边缘，放出路缘石安装边线，并钉立边桩，在边桩上标出路缘石顶面标高，最后沿路缘石外侧挂线，挂线高度应与路缘石顶面标高一致。

**经验传承**

对于直线部分，边桩间距宜为 10～15 m；对于曲线部分，边桩间距宜为 5～10 m；对于路口圆弧，边桩间距宜为 1～5 m。

### 3. 安装路缘石

钉桩挂线后，先用水泥砂浆铺底调平，然后按照挂线依次安装路缘石，如图 3-4 所示。直线段的路缘石要直顺，曲线段的路缘石要圆顺，顶面要平整。

图 3-4 安装路缘石

### 4. 回填石灰土

路缘石安装完毕后，其外侧用土回填夯实，一般宜用体积比为 2∶8 的石灰土回填，填土宽度应不小于 30 cm，高度不小于 15 cm，其轻型击实标准的压实度应大于 90%。

### 5. 勾缝

石灰土回填完毕后，修整路缘石，使其位置及标高符合设计要求，然后对路缘石进行勾缝。勾缝时，先将路缘石缝内的土及杂物清理干净，并用水湿润；然后用水泥砂浆灌缝，并用弯面压子或圆钢压成凹形；最后，待水泥砂浆初凝后，将多余的水泥砂浆清理干净，并洒水养护，养护时间应不少于 3 d。

## 任务实施

（1）将全班学生分成若干组，每组 4～5 人，并选出小组负责人。

（2）小组负责人带领组员去路缘石的施工现场拍摄视频，或利用网络视频资料，制作一个路缘石施工的 Vlog 视频（视频博客），视频时长上限为 8 min。

（3）视频制作完成后，在课堂上进行播放。

（4）老师按表 3-1 给各小组进行打分。

表 3-1　活动评价表

| 评分标准 | 满分 | 实际得分 | 备注 |
| --- | --- | --- | --- |
| 积极参与活动 | 20 | | |
| 视频内容扣题 | 40 | | |
| 视频流畅 | 20 | | |
| 其他 | 20 | | |
| 总分 | 100 | | |

# 任务 3.2　检查井施工

## 任务引入

某日，一路段出现塌陷，某新闻记者赶至现场后了解到，塌陷原因为检查井垮塌，事故未造成人员伤亡，但一度造成车流拥堵，运管单位进行了抢修。

记者报道后，网友们纷纷对检查井的垮塌原因进行了分析，并提出了解决方案。下面是其中两位网友的分析。

网友一：检查井规格过大，又位于机动车道上，路面荷载太大，从而导致垮塌；解决方案为加固处理。

网友二：检查井为砖砌形式，未进行抹面处理，出现漏水，对土壤造成侵蚀，从而导致垮塌；解决方案为砖砌检查井进行抹面处理，或改为预制混凝土检查井。

想一想：你觉得检查井会因为什么原因而塌陷呢？检查井是如何施工的呢？

## 相关知识

### 3.2.1 概述

如图 3-5 所示，检查井是为了便于安装、维修城市地下基础设施（如供电、给水、排水、排污、通讯、煤气管、路灯线路等）而设置的竖井，其一般设在管道交汇处、转弯处、管径或坡度改变处，以及直线管段上每隔一定距离处。

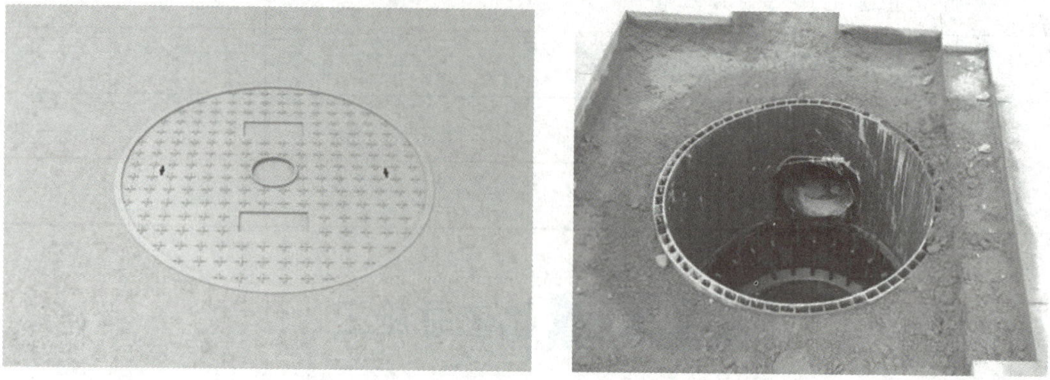

图 3-5 检查井

### 3.2.2 施工

检查井的施工工序主要包括基础施工、井身施工、井周回填与压实、井圈施工、井盖安装等。

#### 1. 基础施工

检查井的基础施工内容一般为：先整平地基，然后支设模板、浇筑混凝土垫层，垫层的混凝土强度等级应不小于 C15，厚度应不小于 15 cm，宽度宜大于井身 10 cm 以上。

**提 示**

基础在天然地基上施工时，不得扰动原状土；在软弱地基上施工时，必须先进行处理，使地基达到设计承载力。

#### 2. 井身施工

基础尺寸和高程符合要求后，即可进行井身施工。检查井的井身一般有预制混凝土井身和砖砌井身两种，如图 3-6 所示。

（a）

（b）

（a）预制混凝土井身　（b）砖砌井身

图 3-6　检查井的井身

如果条件允许，则应优先采用预制混凝土井身，其能有效减少施工周期，并且结构强度较高。预制混凝土井身施工时，直接吊装就位即可，如图 3-7 所示。

图 3-7　预制混凝土井身吊装就位

如果条件不允许，则可采用砖砌井身，施工要点如下。

（1）砌筑前，应将基础清理干净。

（2）基础清理干净后，即可铺筑砂浆，砌筑砖，如图 3-8 所示。砌筑时，应注意使砖缝隙间的砂浆饱满，上、下两层砖的竖缝错开。

图 3-8　砌筑砖

（3）若检查井有管道接入，则应使管道与井身连接处的缝隙填充严密，从而防止漏水、渗水。

（4）砌筑完毕后，应按照设计要求对井壁进行抹面，抹面材料宜为防水的水泥砂浆。

### 3. 井周回填与压实

井身砌筑完毕后，当水泥砂浆强度达到设计要求后，方可选择合适的材料回填检查井的周边，并进行压实，具体要点如下。

（1）井周回填应与管道沟槽的回填同时进行，若不能同时进行，则应留台阶形接茬。

（2）当管道沟槽内每一层回填土压实成形后，应人工将井周 40 cm 范围内的松土挖去，换填上预先拌制好的石灰土，然后压实，使石灰土与井壁紧贴。

（3）井周回填与压实应沿井身中心对称进行。

### 4. 井圈施工

为了使井盖与井身有较好的连接，应在井身顶部设置井圈，如图 3-9 所示。

图 3-9　井　圈

### 5. 井盖安装

井盖安装通常是在路面面层施工完毕后进行的。路面面层施工时，检查井可采用临时钢板进行覆盖，并与道路一起摊铺碾压。路面面层施工完毕后，根据井盖大小反挖面层，去掉临时钢板，然后将井盖放置在井圈上，并调至标高位置，最后填充压实周边。

**注　意**

检查井施工完毕后，要将井内杂物清理干净，如果不能立即安装井圈、井盖，则应设防护或警示标志，防止发生安全事故。

## 任务实施

（1）将全班学生分成若干组，每组 4～5 人，并选出小组负责人。

（2）在取得同意的前提下，小组负责人带领组员进入现实生活中的检查井施工队，观摩施工人员一天的工作。

（3）观摩完成后，将观摩内容和感想制作成 PPT 文件，每组派一名代表在课堂上进行 5 min 左右的汇报。

（4）老师按表 3-2 给各小组进行打分。

表 3-2　活动评价表

| 评分标准 | 满分 | 实际得分 | 备注 |
|---|---|---|---|
| 积极参与活动 | 20 | | |
| PPT 内容扣题 | 40 | | |
| 汇报流畅 | 20 | | |
| 其他 | 20 | | |
| 总分 | 100 | | |

# 任务 3.3　雨水口及雨水口支管施工

## 任务引入

某施工队承接了某路段的雨水口及雨水口支管施工项目，该路段的雨水口共有 243 座，雨水口支管共计 972 m。由于雨水口数量较多，为了保证项目按时完成，施工队编制了施工方案，并配备了足够的人力、物力。

想一想：雨水口及雨水口支管是如何施工的呢？

## 相关知识

### 3.3.1　雨水口施工

#### 1. 概述

雨水口是将路表水排入地下管渠的构筑物，其根据水篦布置的形式不同，可分为平式、立式和联合式三种，如图 3-10 所示。

（a） （b） （c）

（a）平式 （b）立式 （c）联合式

图 3-10 雨水口

## 2. 施工

雨水口的施工步骤大致如下。

（1）根据设计图纸，定出雨水口的位置，打出定位桩，并定出雨水口标高。

（2）按照雨水口定位线开挖基槽。

（3）开挖完毕后，清理槽底，并进行夯实。

（4）槽底夯实后，浇筑混凝土垫层（厚度约 10 cm），并进行养护。

（5）混凝土垫层达到一定强度后，铺筑砂浆，砌筑墙身，如图 3-11 所示。砌筑墙身时，要进行挂线，以确保墙身垂直。

图 3-11 砌筑墙身

（6）墙身砌筑到一定高度时，应用砂浆进行抹面，抹面要光滑平整、不起鼓、不开裂，如图 3-12 所示。

（7）抹面达到规定强度时，应及时回填墙外，一般采用碎砖灌水泥砂浆回填，也可采用水泥混凝土回填。回填必须密实，以防墙周路面产生局部沉陷。

（8）当墙身砌筑至支管顶时，应使管口与墙壁内口平齐，并用水泥砂浆将管口与墙壁勾抹严实。

图 3-12　墙身抹面

（9）当墙身砌至设计标高时，安装井座和井篦，如图 3-13 所示。安装时，墙身顶面应用水冲刷干净，并铺水泥砂浆，按照设计标高找平。井篦安装就位后，其周围用水泥砂浆嵌牢。

（a）

（b）

（a）安装井座　（b）安装井篦

图 3-13　安装井座和井篦

（10）雨水口砌筑完毕后，应及时将井内碎砖、砂浆等杂物清理干净。

## 3.3.2　雨水口支管施工

### 1．概述

雨水口支管是将雨水口汇集的水输入到排水管道的引水支管，如图 3-14 所示。

图 3-14　雨水口支管

2. 施工

雨水口支管的施工工序主要包括施工放样、沟槽开挖、垫层施工、管道铺设、沟槽回填等。

1）施工放样

根据设计图纸，定出雨水口支管位置，打出控制桩，并标出设计标高，然后用石灰线放出开挖沟槽的边线。

2）沟槽开挖

施工放样后，采用反铲挖掘机开挖沟槽（见图 3-15），直至接近标高，然后采用人工挖至标高，并进行槽底修整。

图 3-15　开挖沟槽

3）垫层施工

验槽合格后，便可浇筑混凝土垫层，如图 3-16 所示。垫层表面应平整、厚度应均匀，厚度及宽度应符合设计要求。

图 3-16　浇筑混凝土垫层

4）管道铺设

垫层达到一定强度后，即可铺设管道，铺设要点如下。

（1）铺设前，应对管材质量进行逐节检查，清除管内杂物。

（2）铺设时，可采用吊车吊装下管（见图 3-17），人工辅助对位。

图 3-17　吊车吊装下管

（3）接口可采用承插式接口（见图 3-18），大口须置于上游，小口插入深度应不小于 20 cm。承插处应设置橡胶密封圈，防止管道漏水。

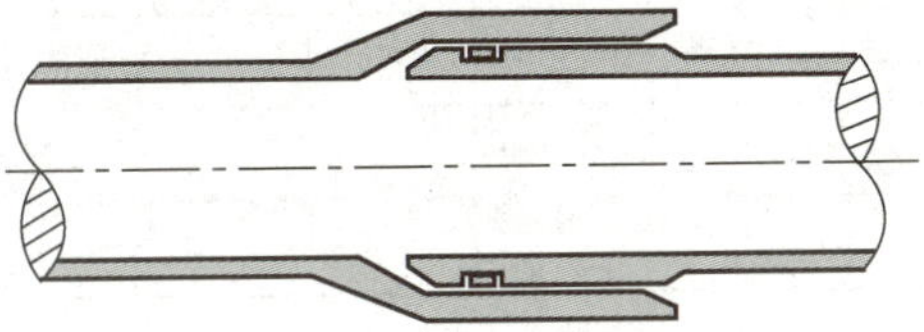

图 3-18　承插式接口

（4）接口安装完毕后，采用水泥砂浆抹面，并养护至设计要求。

5）沟槽回填与压实

管道铺设完毕后，对沟槽进行回填与压实，如图 3-19 所示。

图 3-19　沟槽回填与压实

**提　示**

管顶 40 cm 范围内，应用人工夯实。

## 任务实施

（1）将全班学生分成若干组，每组4～5人。

（2）老师利用多媒体播放一些雨水口及雨水口支管施工的视频，或带领学生去现场参观。

（3）各小组根据所学内容、所看视频或现场情况，总结雨水口及雨水口支管的施工过程及要点，并写成报告形式，上交老师。

（4）老师按表3-3给各小组进行打分。

表3-3　活动评价表

| 评分标准 | 满分 | 实际得分 | 备注 |
|---|---|---|---|
| 积极参与活动 | 20 | | |
| 报告内容扣题 | 40 | | |
| 报告文字流畅 | 20 | | |
| 其他 | 20 | | |
| 总分 | 100 | | |

# 任务3.4　人行道施工

## 任务引入

近些年来，很多人行道铺上了“会喝水”的砖，如图3-20所示。这种砖是一种新型砖，具有良好的透水性，当遇到下雨天时，其可以将积水统统吸进“胃里”，使地面快速干燥，确保行人的出行安全。

图3-20　人行道铺上“会喝水”的砖

想一想：人行道的这种砖是如何铺筑的？

## 相关知识

### 3.4.1　概述

如图 3-21 所示，人行道为道路两侧、公园中供人行走的设施，它是道路的重要组成部分，随着社会的发展，它还被赋予了更多的功能，如疏导交通、美化环境等。

图 3-21　人行道

### 3.4.2　施工

同主体道路一样，人行道的结构一般也分为路基、基层和面层三部分，其施工工序主要包括基槽施工、基层施工和面层施工三大部分。

#### 1. 基槽施工

人行道的基槽施工内容主要有施工放样、基槽开挖与整平。

##### 1）施工放样

人行道施工的放样工作主要是放出人行道边线和标高。

放线时，应每隔一定距离，设一桩。对于直线段，应每隔 10 m 设一桩；对于曲线段，应适当加密。标高可标记在桩上，或者建筑物上。

**提　示**

如果人行道外侧已经按照标高安装了路缘石，则人行道施工以路缘石为基准线。

##### 2）基槽开挖与整平

施工放样后，根据现场情况开挖基槽，开挖接近标高时，进行找平碾压，达到设计要求后，再修整至设计标高。

## 注 意

（1）基槽施工前，要对地下管网进行全面调查，并采取相应的保护措施。

（2）在雨季、冬季施工时，必须做好相应的排水、防冻措施。

### 2. 基层施工

人行道的基层施工与前面介绍的路面基层施工基本相同，在此不再赘述。

### 3. 面层施工

人行道采用的面层主要有沥青混凝土面层、水泥混凝土面层、水泥砖面层、料石面层等，下面主要介绍这些面层的施工。

#### 1）沥青混凝土面层施工

人行道采用沥青混凝土面层时，其施工工序主要包括施工准备、摊铺和碾压等。

（1）施工准备。

施工准备工作主要包括以下几方面。

① 将基层清理干净。

② 覆盖路缘石及构筑物，以防污染。

③ 用沥青洒布机浇洒透层沥青。

④ 与面层沥青混凝土接触的路缘石、井壁、接槎等部位应涂刷一层黏层沥青，以便结合。

（2）摊铺。

摊铺方法同前面介绍的热拌沥青混凝土施工，但需要注意以下几点。

① 人行道的沥青混凝土面层厚度应不小于3 cm，一般为单层式施工。

② 运输到摊铺现场的沥青混合料温度应不低于145℃。冬季运输时，应注意采取保温措施。

③ 人工摊铺时，应计算用量，分段卸料，松铺系数宜为1.2～1.3，摊铺过程中应注意轻拉慢推，粗细均匀，不使大块集料集中。

（3）碾压。

摊铺后，采用压路机进行碾压，使用大型压路机困难时，可采用小型振动压路机或者手扶平板式振动压实机。不能使用压实机具时，可人工夯实。碾压过程中，应注意不要破坏其他构造物。

### 知识宝典

（1）人行道应尽量选择针入度较高的石油沥青或乳化沥青。

（2）人行道沥青面层的沥青用量应比车行道用量多 0.3%左右。

（3）沥青混合料的技术指标应符合人行道设计的规定。

#### 2）水泥混凝土面层施工

人行道采用水泥混凝土面层时，其施工工序主要包括清理基层、支设模板、摊铺、振捣、收面、养护及切缝等。

（1）清理基层。

在施工前，应将基层清理干净，并洒水湿润。

（2）支设模板。

基层清理干净后，支设模板，并将模板内部清理干净，涂刷隔离剂。

（3）摊铺。

模板支设好后，便可摊铺水泥混凝土，如图 3-22 所示。

图 3-22　摊铺水泥混凝土

摊铺水泥混凝土时，应注意以下几点。

① 摊铺的水泥混凝土应拌和均匀。

② 摊铺厚度应不小于 10 cm，摊铺系数宜为 1.10～1.15。

③ 摊铺后，表面应大致平整，不得有明显的凹陷。

（4）振捣。

摊铺后，可采用振动器进行振捣，振捣宜均匀并缓慢地进行，并且不能间断。

（5）收面。

振捣完毕后，宜采用抹平机对水泥混凝土面层进行收面，如图 3-23 所示。

图 3-23 收 面

（6）养护。

收面后，即可采用洒水或覆盖塑料薄膜（见图 3-24）的方法进行养护。养护期间，应禁止通行及堆放重物。

图 3-24 覆盖塑料薄膜

（7）切缝。

养护完成后，可根据设计间距，进行切缝，如图 3-25 所示。

图 3-25 切 缝

### 3）水泥砖面层施工

水泥砖是指以水泥和集料为主要原材料，经加压制成的砖块，可用于铺设人行道，如图 3-26 所示。

图 3-26　水泥砖人行道

人行道采用水泥砖面层时，其施工工序主要包括测量放样、拌制砂浆、修整基层、铺筑砂浆、砌筑水泥砖、灌缝及洒水养护等。

（1）测量放样。

测量放样内容主要包含以下几个方面。

① 按照设计图纸复核人行道边线和标高。

② 如果人行道有路缘石，则应在路缘石边设定砌筑水泥砖的基准点（即砌筑起始点），然后根据砌筑的方向，通过基准点设置两条互相垂直的基准线。如果顺着路缘石砌筑，则路缘石即为一条基准线；如果采用人字形砌筑，则基准线与路缘石夹角为 45°，如图 3-27 所示。

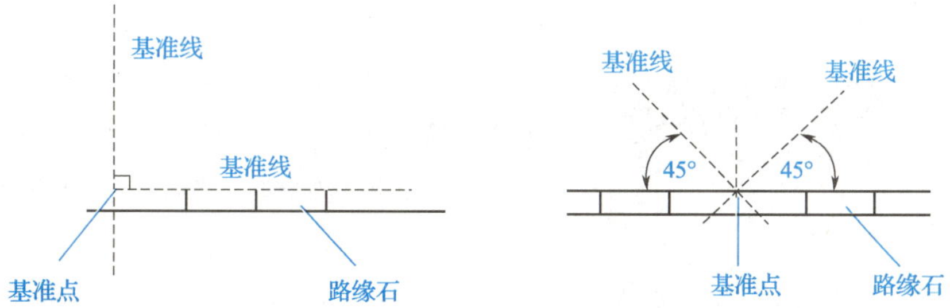


（a）　　　　　　　　（b）

（a）顺着路缘石砌筑　（b）采用人字形砌筑

图 3-27　基准点与基准线的设置

③ 根据基准点及基准线，用经纬仪测量，打方格，并以对角线检验方正。打方格时要把缝宽计算在内。

（2）拌制砂浆。

砌筑水泥砖需要采用砂浆，一般为石灰砂浆或水泥砂浆，砌筑前要拌制砂浆，拌制时，要确保原料的配合比准确，拌和后的砂浆和易性要好。

（3）修整基层。

在砌筑水泥砖前，还需要对基层表面进行复查，对凹凸不平之处进行修整。当低处不高于 1 cm 时，可用砂浆填补；当高处高于 1 cm 时，应将基层刨去 5 cm 厚，用与基层相同的材料填平拍实，或用细石混凝土填补。

（4）铺筑砂浆。

基层修整后，进行清理并洒水湿润，然后铺筑砂浆，用刮板找平，砂浆的铺筑厚度通过试验确定。

（5）砌筑水泥砖。

铺筑完砂浆后，立即砌筑水泥砖，如图 3-28 所示。

图 3-28　砌筑水泥砖

砌筑水泥砖时，应注意以下几点。

① 第一行砖应根据基准线、规定缝宽进行砌筑，并以此挂纵线、横线，然后纵线不动、横线平移，按照第一行砖依次砌筑其他位置的砖。

② 砌筑时，对于直线段，应沿纵线顺延砌筑，并保持纵缝直顺；对于曲线段，可以砌成扇形，也可以按照直线顺延砌筑，然后在边缘处用水泥砂浆补齐。

③ 砌筑时，砖要轻放，并用木槌或橡胶锤轻捶砖的中心位置，使砖平铺在密实的砂浆上，并且稳定、无动摇、无空隙。

④ 砌筑时，水泥砖要与路缘石衔接紧密。

⑤ 在砌筑的过程中，质检员应跟踪检查，如果发现不符合检验规范要求的部位，应及时进行修整。

（6）灌缝。

水泥砖砌筑完毕后，应采用水泥细砂干浆进行灌缝，具体步骤是：先在水泥砖表面均匀地撒铺一层砂浆，然后用扫帚或板刷将砂浆扫入缝中，最后用小型振动碾压机振实或采用浇水灌实。

注 意

① 灌缝要反复进行，直到缝隙饱满为止。

② 灌缝结束后，路面上的砂浆要清扫干净。

（7）洒水养护。

灌缝结束后，应及时洒水养护。

#### 4）料石面层施工

料石面层是指采用料石（如花岗岩）铺筑的人行道面层，料石宜为条石或块石，如图 3-29 所示。条石宜铺设在水泥砂浆层上；块石宜铺设在砂垫层上。

（a）　　　　（b）

（a）条石面层　（b）块石面层

图 3-29　料石面层

条石面层的施工流程为：准备工作→施工放样→试排→铺筑水泥砂浆层→砌筑条石→灌缝→养护。

块石面层的施工流程为：准备工作→施工放样→试排→铺筑砂垫层→砌筑块石→灌缝→养护。

条石面层和块石面层的施工方法与水泥砖面层基本相同，但块石面层施工时还应注意以下几点。

（1）铺筑砂垫层时，宜先松铺 50～200 mm，并用耙子耙平，然后边铺筑砂垫层，边砌筑块石。

（2）砌筑块石时，块石的平整大面应朝上，并使块石嵌入砂垫层，嵌入深度为块石厚度的 1/3～1/2。

（3）如果没有设置路缘石，则块石面层的边缘部位应砌筑细石混凝土来进行止挡或者采用水泥砂浆黏结块石来进行固定，如图 3-30 所示。

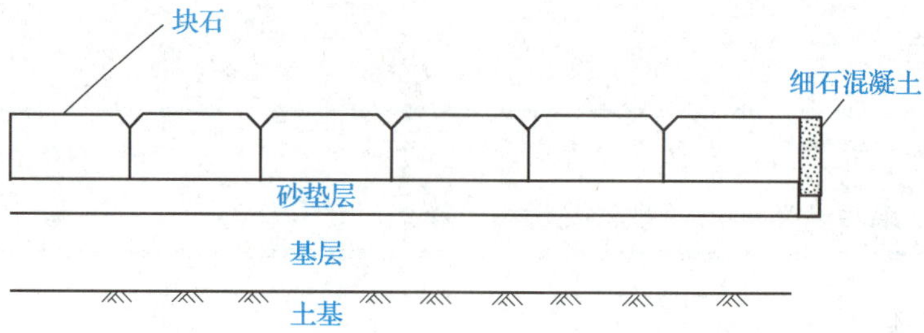


（a）

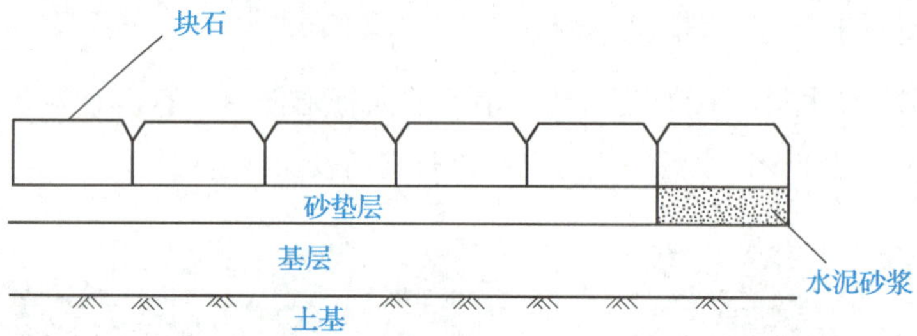


（b）

（a）砌筑细石混凝土进行止挡　（b）采用水泥砂浆黏结块石进行固定

图 3-30　无路缘石时块石面层边缘部位的做法

### 5）特殊部位施工

（1）树穴。

对于树穴部位，应注意以下几点。

① 面层施工时，应按设计要求间隔和尺寸留出树穴。

② 树穴与路缘石要方正衔接。

③ 树穴边缘按设计要求用水泥混凝土预制块、水泥混凝土路缘石或大理石等围成，尺寸、高程按设计要求确定。

④ 人行横道线处、公共汽车站处不设树穴。

（2）相邻建筑物。

人行道与建筑物相邻时，应尽量顺接，不得反坡，并留出人行道缺口。如果人行道与相邻建筑物具有较大高差，则应设置踏步。

（3）电线杆、检查井。

对于电线杆、检查井部位（见图 3-31），应注意以下两点。

图 3-31　电线杆、检查井部位

① 面层施工时，应注意与电线杆、检查井连接平顺，如果是水泥砖或料石面层，则应切割规整。

② 面层应与检查井的井盖持平。

## 拓展阅读

### 盲　道

盲道是专门帮助盲人行走的道路设施，一般有两种形式：盲道砖和盲道钉，如图 3-32 所示。长条形的盲道砖或盲道钉引导盲人前行，圆点形的盲道砖或盲道钉提示盲人有障碍物，需要转弯。

（a）

（b）

（a）盲道砖　（b）盲道钉

图 3-32　盲　道

盲道砖的施工方法与水泥砖面层的施工方法基本相同。盲道钉的施工方法如图 3-33 所示。

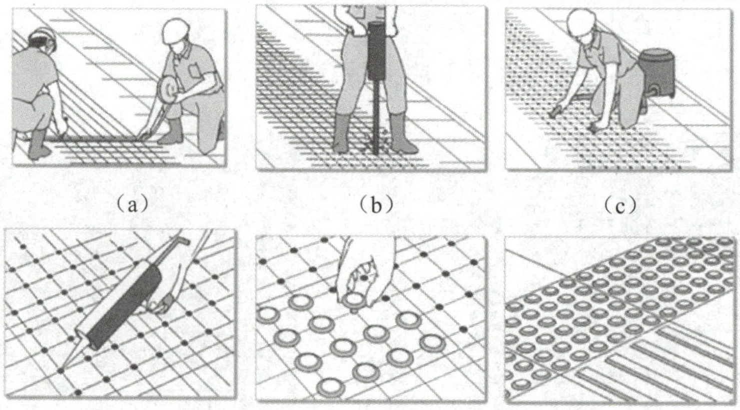

（a） （b） （c）

（d） （e） （f）

（a）量好尺寸，确认位置 （b）打孔 （c）清理干净
（d）填充胶水 （e）将盲道钉放入打好的孔中 （f）施工完成

图 3-33 盲道钉的施工方法

盲道施工时，应注意以下几点。

① 盲道应设置在人行道中间，并且尽量绕开树木、电线杆、检查井等。

② 盲道的宽度宜大于 50 cm。

③ 路口处盲道应铺设成无障碍形式，如图 3-34 所示。

图 3-34 盲道铺设成无障碍形式

## 任务实施

（1）将全班学生分成若干组，每组 4～5 人，并选出小组负责人。

（2）小组负责人带领组员去某人行道的施工现场拍摄照片或视频，并制作成 Vlog 视频（视频博客），视频时长上限为 8 min。

（3）视频制作完成后，在课堂上进行播放。

（4）老师按表 3-4 给各小组进行打分。

表 3-4 活动评价表

| 评分标准 | 满分 | 实际得分 | 备注 |
|---|---|---|---|
| 积极参与活动 | 20 | | |
| 视频内容扣题 | 40 | | |
| 视频流畅 | 20 | | |
| 其他 | 20 | | |
| 总分 | 100 | | |

## 素质讲堂

### 怀赤诚之心，护首都公路

作为祖国的“心脏”，首都北京以其政治、文化、国际交往、科技创新的城市战略定位，形成了特有的公路交通通行状态，这就需要时刻保证首都公路“畅、安、绿、美、舒”的通行环境。

要想养好首都公路，不仅需要认真敬业的态度，还需要全年随时待命不放松的坚守精神。

1997 年，20 岁的吴喜军成为首都公路上的一名养路工。一把铁锹，一抹橘红，不曾被雨雪阻隔，反而更加笃定。二十多年来，他每年巡视的路基桥梁连起来可以绕地球一圈。

（1）踏实笃行，练就一身本领。

2003 年，吴喜军被调入道路维修班，开始学习道路维修的各项技能。由于刚刚接触技术工种，这让之前一直从事道路保洁工作的他感到十分吃力，特别是修补路面工作，为了尽快掌握这项技能，吴喜军拿出一股永不言弃的劲头刻苦钻研，每天下班后他就用废弃的补坑材料给自己加练。最终，他熟练掌握了补坑技术，并且做到了不用称重也能精准把握补坑用料量。

在不到两年时间里，吴喜军不仅熟练掌握了各项技能，还考下了焊工操作资格证，完成了从普通工人向技术工人的转型。

（2）恪尽职守，关键时刻显担当。

2009 年，表现优异的吴喜军被调去担任专业养护班班长。在新的岗位上，他更是将“干负责任的事业，做负责任的人”的企业精神根植于心。

2020 年 2 月 12 日，一场大雪覆盖了整个北京城。正值疫情防控紧要时期，养护人手不足。“无论如何都要保证道路通畅”，是吴喜军当时唯一的信念。

吴喜军一个人开着除雪车，迅速投入到“战风雪、斗严寒”的保畅工作中。经过 72 小时的浴“雪”奋战，吴喜军一个人完成的除雪面积达到 35 万平方米，足足比单个人正常的除雪面积多了 24 万平方米，相当于 1 个人干了 3 个人的活。

除特殊天气外，在近年来的日常工作中，道路保洁、设施维修、桥梁维护、应急保障、清障救援，一天 16 至 18 个小时的工作时长，对吴喜军来说是家常便饭，他却从来没有一句怨言。在“一带一路”国际合作高峰论坛、国庆阅兵、全国两会等重大活动时，吴喜军更是连续 24 小时现场备勤值守保障，并高质量完成了路线道路保障、桥梁环境整治、各类病害排查清零等一系列重要保障任务。

（3）示范带动，榜样引领。

工作二十多年来，吴喜军以努力勤奋和“拼命三郎”的工作劲头，以及古道热肠的性格，赢得了周围同事的一致称赞。在他的示范带动下，他曾经带过的四名员工如今也当上了班长。

2016 年，首发养护公司成立了“吴喜军创新工作室”。作为工作室的主要负责人，吴喜军既是团队带头者，又是核心技术骨干，同时还是技术工人的教练员。2020 年，吴喜军带领创新工作室团队自主研发了多功能开槽机，该设备能够大大提升工作效率，节约养护成本。除此之外，自工作室成立以来，吴喜军带领团队同心协力、守正创新，先后获得 20 余项实用型专利、5 项发明专利，为促进企业创新发展提供强劲引擎。

汗水和辛苦换来了道路的畅通，努力和付出换来了骄人的成绩。2009 年以来，吴喜军先后荣获“全国技术能手”“全国优秀农民工”“全国劳动模范”荣誉称号，并享受国务院特殊津贴；在 2016 年北京市第四届职业技能大赛中获得公路养护工项目第一名。

面对这一项项荣誉，吴喜军并没有骄傲，他一如既往地做好本职工作，以“爱岗敬业、勤于思考、吃苦在前、享乐在后”的优良作风书写新的人生诗篇，用坚韧和执着在首都大地上谱写一曲路通人和的雄浑乐章。

（资料来源：https://www.zgjtb.com/zhuanti/2021-03/31/content_258918.htm，有改动）

# 复习思考题

## 1. 选择题

（1）________是指铺设在路面边缘或标定路面界限的界石。

A. 大理石　　B. 人工石

C. 路缘石　　D. 花岗岩

（2）路缘石的勾缝养护时间要在________以上。

A. 2 d　　B. 3 d

C. 4 d　　D. 5 d

（3）检查井施工时，浇筑的混凝土垫层厚度应不小于_______。

A. 15 cm　　B. 20 cm

C. 25 cm　　D. 30 cm

（4）_______是将路表水排入地下管渠的构筑物。

A. 检查井　　B. 截水沟

C. 边沟　　D. 雨水口

（5）_______是将雨水口汇集的水输入到排水管道。

A. 雨水口支管　　B. 截水沟

C. 边沟　　D. 雨水口

（6）直线形人行道放线时，应每隔_______设一桩。

A. 5 m　　B. 10 m

C. 15 m　　D. 20 m

（7）人行道的沥青混凝土面层厚度应不小于_______。

A. 3 cm　　B. 4 cm

C. 5 cm　　D. 6 cm

（8）水泥砖如果顺着路缘石砌筑，则路缘石即为一条基准线；如果采用人字形砌筑，则基准线与路缘石夹角为_______。

A. 40°　　B. 42°

C. 43°　　D. 45°

（9）砌筑水泥砖时，砖要轻放，并用_______轻捶砖的中心。

A. 塑料锤　　B. 橡胶锤

C. 尖锤　　D. 铁锤

（10）盲道的宽度宜大于________。

A．30 cm　　　　B．40 cm

C．50 cm　　　　D．60 cm

### 2. 填空题

（1）路缘石主要有__________、__________和专用路缘石三种。

（2）雨水口根据水篦布置的形式不同，可分为__________、__________和联合式三种。

（3）墙身砌筑到一定时，应及时回填墙外，一般采用__________回填，也可采用__________回填。

（4）人行道采用的面层主要有__________、水泥混凝土面层、__________、料石面层等。

（5）砌筑水泥砖采用的砂浆一般为__________或__________，拌制砂浆时，要确保原料的配合比准确，拌和后砂浆和易性要好。

### 3. 简答题

（1）简述路缘石的施工流程。

（2）简述雨水口的施工流程。

（3）简述水泥砖面层的施工流程。

# 项目 4

# 道路养护

## 导读

一条道路建成后，随着运营时间的推移、交通量的增长和各类设施使用频率的增加，会出现不同程度的损坏，若不及时进行养护、维修，则会影响道路的安全性、快捷性、舒适性、经济性和美观性。本项目将从路基养护、路面养护和道路附属工程养护三个方面介绍道路的养护知识。

### 知识目标

（1）掌握路基养护的相关知识。

（2）掌握路面养护的相关知识。

（3）掌握道路附属工程养护的相关知识。

### 技能目标

（1）能进行路肩养护、边坡养护、排水设施养护、挡土墙养护。

（2）能分辨路基病害，并能进行治理。

（3）能分辨沥青路面、水泥混凝土路面的常见病害，并能进行相应的治理。

（4）能进行道路附属工程养护。

### 素质目标

（1）具有深厚的爱国情感和中华民族自豪感。

（2）树立严谨、务实的学习和工作态度。

（3）树立爱岗敬业、团结协作、实事求是、认真负责的工作作风。

（4）树立遵纪守法、安全生产、文明作业的职业意识。

# 任务4.1 路基养护

## 任务引入

路基像人一样，在其生命周期中，会老化，会生病，而且一些急病险情（如沉陷）会导致交通不畅，甚至危害人们的生命财产安全。为了提高路基寿命，确保道路畅通，应定期对路基进行体检和养护，并及时治疗病害，尽快排除险情。

想一想：路基养护的内容有哪些呢？

## 相关知识

路基是道路的重要组成部分，它与路面共同承担车辆荷载，并将荷载传递给地基，其强度和稳定性会直接影响路面的平整度，从而影响行车的安全性与舒适性。为了保证路基的强度和稳定性，不仅要确保路基的施工质量，而且还要加强养护。

路基养护的内容主要包括路肩养护、边坡养护、排水设施养护、挡土墙养护及其他养护等。

### 4.1.1 路肩养护

路肩是指位于车行道外缘、具有一定宽度的带状部分，它是保证路基、路面稳定和排除路面积水的重要结构。除此之外，路肩还可以用于临时停车，并作为路面的横向支撑。

路肩有土路肩和硬路肩之分，一般道路的路肩为土路肩（见图4-1），重要道路（如高速公路）的路肩为硬路肩（见图4-2）。

图4-1 土路肩

图4-2 硬路肩

硬路肩的养护同路面养护（后面会进行介绍），下面主要介绍土路肩的养护。土路肩的养护内容主要包括加固和维修两方面。

### 1. 加固

土路肩的加固方法通常有粒料加固、种草加固、水泥混凝土加固等。

#### 1）粒料加固

粒料加固是指在土路肩上撒布粒料（如砾石、风化石、炉渣、碎砖等）并碾压，来进行加固，如图 4-3 所示。

#### 2）种草加固

种草加固是指在土路肩上种草来进行加固。土路肩种草后，要定期进行维护和修剪（见图 4-4），保证草高不得大于 15 cm。另外，还应随时清除杂草和草丛中积存的泥沙杂物。

图 4-3　粒料加固

图 4-4　修剪路肩上的草

#### 3）水泥混凝土加固

水泥混凝土加固通常有两种方式：一种是在土路肩上直接铺筑预制混凝土块进行加固（见图 4-5），另外一种是在土路肩上现浇筑水泥混凝土进行加固（见图 4-6）。

图 4-5　铺筑预制混凝土块进行加固

图 4-6　现浇筑水泥混凝土进行加固

### 2. 维修

当路肩出现一些病害时，要采用一定的方法进行维修，具体如下。

（1）当土路肩上出现车辙、坑槽等病害时，可将病害处清理干净，然后用与原路肩相同的土填平夯实。

（2）当路肩隆起，妨碍路面排水时，应铲削整平。

### 4.1.2 边坡养护

同路肩养护一样，边坡养护也主要包括加固和维修两方面内容。

#### 1. 加固

边坡的加固方法就是在项目 1 中介绍的坡面防护措施，即植物防护和工程防护，在此不再赘述。

#### 2. 维修

当边坡出现一些病害时，要采用一定的方法进行维修，具体如下。

（1）对于石质边坡，如果坡面岩石出现风化，则应采取适当的处理措施，如清除风化岩石、抹面、喷浆、勾缝、嵌补、锚固等。

（2）对于土质边坡，如果坡面出现较小冲沟（见图 4-7），则应及时采用黏结性良好的土填塞捣实；如果出现较大冲沟，则应将原边坡挖成台阶形，然后分层填筑、压实土料。

图 4-7 较小冲沟

（3）如果边坡出现坍塌（见图 4-8），则应挖除坍塌处的浮土或松动石块，然后对边坡进行修整，待稳定后，可采用植物防护、工程防护的方法进行加固。

图 4-8 边坡坍塌

### 4.1.3　排水设施养护

路基排水设施能否正常工作，直接影响路基的稳定性，因此，必须对排水设施进行经常性的、预防性的养护，确保其功能完好、排水顺畅，具体养护方法如下。

（1）排水设施应定期检查，及时清除淤泥、杂物、杂草等（见图 4-9），保持水流通畅。

图 4-9　清除淤泥、杂物、杂草

（2）暴雨后，应对排水设施进行重点检查，如果发现有损坏的地方，则应及时进行修理；如果发现有堵塞的地方，则应及时疏通。

（3）对于渗沟，应经常检查疏浚，确保沟内或管内水流畅通，如果发现反滤层淤塞失效，则应进行翻修。

### 4.1.4　挡土墙养护

挡土墙应进行定期检查，如果发现墙上有杂草等，则应及时清除；如果发现病害，则应查明原因，然后针对损坏情况，采取合理的修理及加固措施，具体如下。

（1）当发现挡土墙泄水孔堵塞时，应及时疏通。如果无法疏通，则应另行选择适当位置增设泄水孔，或在墙后设置排水设施，一般可设置暗沟将水引出路基以外，以防墙后积水。

（2）当发现挡土墙出现风化剥落时，应将风化表层凿除，然后喷涂水泥砂浆。当风化剥落严重时，应将风化部分拆除重砌。

（3）当发现挡土墙出现裂缝或断裂时，可将缝隙凿毛，清除碎渣和杂物，然后用水泥砂浆填塞。

（4）当发现挡土墙发生倾斜、滑动或下沉时，可选择下列方法进行加固。

① 锚固法。

锚固法适用于水泥混凝土挡土墙，它是指采用预应力钢筋作锚杆，穿入预先钻好的孔内，灌入水泥砂浆，固定锚杆，待水泥砂浆达到一定强度后，对锚杆进行张拉，然后固紧锚头，如图 4-10 所示。

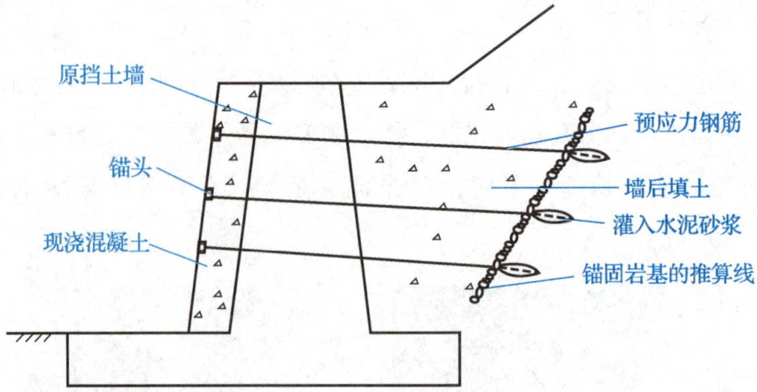


图 4-10　锚固法

② 套墙加固法。

套墙加固法是指在原挡土墙外侧加宽基础、加厚墙身来进行加固，如图 4-11 所示。

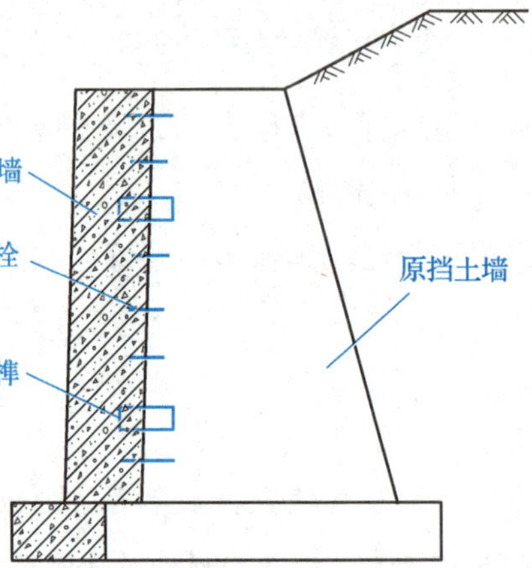


图 4-11　套墙加固法

采用套墙加固法时，应注意以下几点。

a．在原挡土墙外砌筑套墙前，应先挖除一部分墙后的填土，以减小土压力。

b．砌筑套墙时，为了使新旧基础、新旧墙身结合紧密，可凿毛旧基础和旧墙身，必要时可设置钢筋锚栓或石榫，以增强连接。

c．原挡土墙损坏严重，需拆除损坏部分重建时，为防止不均匀沉降，应在新旧墙之间设置沉降缝。

③ 增建支撑墙加固法。

增建支撑墙加固法是指在挡土墙外侧，每隔一定的间距增建一面支撑墙，支撑墙的基础埋置深度、大小和间距应通过计算确定，如图 4-12 所示。

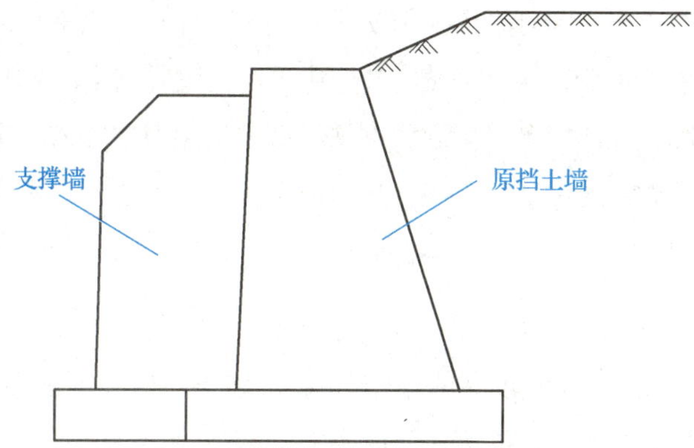


图 4-12 增建支撑墙加固法

（5）当发现挡土墙损坏严重，采用以上加固方法不能达到设计要求的强度时，则应将损坏部分拆除重建。

### 4.1.5 其他养护

路基养护内容还包括对路基出现的一些病害（如路基沉陷、路基翻浆等）进行治理。

#### 1. 路基沉陷治理

路基沉陷是指路基在垂直方向产生较大的沉落，其一般包括路基沉落和地基沉落两种情况，如图 4-13 所示。

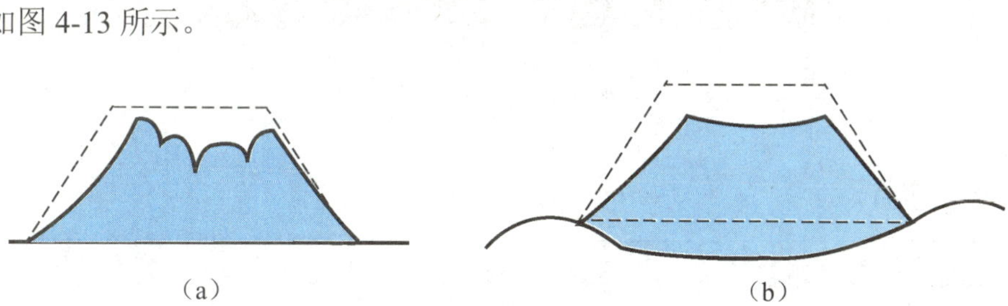


（a）路基沉落 （b）地基沉落

图 4-13 路基沉陷

路基沉陷的情况不同，其治理方法会有所区别，具体如下。

##### 1）路基沉落的治理方法

路基沉落通常因填料选择不当、压实不足而造成。如果是因为填料选择不当，则应将原填料挖除，换上符合要求的填料；如果是因为压实不足，则应将填料厚度减小后，再进行压实，或者采用较大压实功率的机具进行压实。

##### 2）地基沉落的治理方法

地基沉落的原因通常是原地面为软土地基，在路基修筑前未进行处理，从而导致承载力不足，发生下沉。对于这种情况，可按下列方式进行处理。

（1）如果路基高度较小，则可采用换填法进行处理，即将沉陷部分的土挖去（可挖成台阶形式），然后换填上符合要求的土，换填时，应由下而上逐层填筑、碾压密实。

（2）如果路基高度较大，则可采用固化剂法，即在原填料中掺入一定量的固化剂来进行处理。对于浅层土，只需将固化剂与土混合加压即可；对于深层土，则需采用特殊工艺将固化剂注入土体中，使其固结。

### 2. 路基翻浆治理

路基翻浆多发生在地下水位较高的季节性冰冻地区，该地区的路基在冬季时发生冻胀，在春季时又会因融化而变得湿软，强度急剧降低，加上行车的作用，路面易发生弹簧、鼓包、冒浆、车辙等现象，如图 4-14 所示。

图 4-14　路基翻浆

#### 指点迷津

路基翻浆的形成过程

秋季（聚水）→冬季（冻结）→春季（融化）→强度降低 —行车荷载→ 路基翻浆。

路基翻浆轻则会破坏路面，影响行车，重则会中断交通，因此要注意预防，如果出现路基翻浆，则应及时治理。

#### 1）路基翻浆的预防措施

路基翻浆是秋季、冬季和春季综合作用的结果。因此，应在这些季节采取适当的预防措施，以防路基翻浆发生。

（1）秋季预防措施。

秋季应进行排水，尽可能防止水分进入路基，确保路基处于干燥状态，以减少冬季冻结的可能，具体措施如下。

① 随时修整路面、路肩、边坡。路面应保持规定的路拱和平整度，如果出现裂纹、松散、车辙、坑槽、搓板等病害，则应及时处理，避免积水；路肩应保持规定的排水横坡，以便排水；边坡应保持规定的坡度及密实度，以防坍塌，阻塞边沟，从而造成积水。

② 及时疏通地面排水设施，保证地面排水通畅。

③ 及时疏通地下排水设施，保证地下水能及时排出。

（2）冬季预防措施。

冬季应减轻路基水分在温差作用下向路基上层聚积的程度，同时要防止水分渗入路基，具体措施如下。

① 及时清除积雪。

② 及时排除融化雪水。

③ 及时修补路面出现的裂缝、坑槽等。

（3）春季预防措施。

春季是路基翻浆的暴露时期，主要的预防措施如下。

① 在路肩上每隔一定距离开挖横沟，及时排除路基表面积水，达到疏干路基上部土体的目的。横沟间距宜为 3～5 m，沟宽宜为 300～400 mm。

② 在路基两侧边沟的底部设置渗沟来降低水位。

#### 2）路基翻浆的治理措施

路基翻浆一般在夏季进行治理，治理措施如下。

（1）将翻浆的土挖除，换填上水稳定性好、冰冻稳定性好、强度高的粗颗粒土。

（2）在路基翻浆处，开挖渗水井，并将渗入井内的水淘出，当渗水停止时，在井内填入粗砂，形成砂桩，以提高路基强度。砂桩可做成圆形或矩形，一般直径（或边长）为 300～500 cm。

（3）将翻浆的土挖除，然后铺上具有隔水、防冻功能的垫层（如砂砾垫层等），以提高路基强度。

（4）在翻浆路段钻孔，将生石灰块填充到路基中，路基土因石灰与路基中的水发生反应而固结，形成复合路基，从而达到加固路基的效果。

## 任务实施

（1）将全班学生分成若干组，每组 4～5 人，并选出小组负责人。

（2）小组负责人带领组员温习路基养护的相关知识。

（3）老师组织所有小组进行知识竞赛，即老师提出与本任务内容相关的问题，如“路肩的加固方法有哪些”“路基沉陷的治理方法有哪些”等，各小组进行抢答。

（4）竞赛结束后，老师按表 4-1 给各小组进行打分。

表 4-1　活动评价表

| 评分标准 | 满分 | 实际得分 | 备注 |
|---|---|---|---|
| 积极参与活动 | 20 | | |
| 抢答内容正确 | 40 | | |
| 表述流畅 | 20 | | |
| 其他 | 20 | | |
| 总分 | 100 | | |

# 任务 4.2 路面养护

## 任务引入

很多城市有这么一群人，他们被称为“市政夜猫子”，每天晚上趁车辆稀少的时候，穿梭在城市的大街小巷，养护路面，修补路面的裂缝、坑槽、松散等病害，确保城市道路安全完好。

想一想：路面如何进行养护呢？

## 相关知识

路面在行车和自然因素的反复作用下，容易出现各种破损，从而影响正常的交通运行。为了避免这种情况发生，应对路面进行养护，确保其处于良好状态。由于沥青路面和水泥混凝土路面是最常用的路面，下面主要介绍这两类路面的养护内容。

### 4.2.1　沥青路面养护

沥青路面养护主要可分为日常养护和养护工程两方面。

#### 1. 日常养护

日常养护包括日常巡查、日常保养和日常维修。

### 1）日常巡查

日常巡查内容主要包括以下两个方面。

（1）检查路面上是否有明显的病害，并确定其危害程度及趋势。

（2）检查路面上是否有易诱发路面病害或影响通行的积水、积雪、积冰、污染物、散落物、路障等情况。

#### 知识宝典

> 进行日常巡查时，应注意以下几点。
>
> （1）日常巡查频率每日不宜少于一次，其中高速公路每日不应少于一次，遇暴雨、台风、雨雪、冰冻等极端天气情况时，应适当增加日常巡查的频率。
>
> （2）日常巡查宜采用乘车、骑行或步行巡查方式。
>
> （3）日常巡查应记录发现路面突发病害与异常情况信息，宜采用移动终端实时录入信息数据，并将突发病害图片、有关说明等信息一并录入，巡查结束后应及时整理、汇总日常巡查记录，并录入相关信息管理系统。
>
> （4）日常巡查中发现重大情况应按照相关规定及时报告。

### 2）日常保养

日常保养内容主要包括以下几个方面。

（1）清除路面泥土杂物、污染物、散落物等。

（2）排除路面积水，疏通路面排水设施。

（3）清除路面积雪、积冰、积沙等。

（4）实施路面夏季洒水降温作业。

### 3）日常维修

日常维修主要是处治路面的病害。沥青路面常见的病害有横向裂缝、纵向裂缝、网状裂缝、坑槽、松散、车辙、拥包、搓板、泛油、翻浆等。

（1）横向裂缝处治。

如图 4-15 所示，横向裂缝与道路中线基本垂直，其宽度不一，长度有贯穿整个路幅的，也有穿过部分路幅的。

横向裂缝一般可通过以下方法来进行处治。

① 当裂缝宽度不大于 2 mm 时，可不予处理。

② 当裂缝宽度大于 2 mm 时，可采用灌缝的方式进行处治，即首先清理裂缝，并对裂缝进行吹风除尘，然后向裂缝中灌入沥青材料（见图 4-16），最后在沥青表面撒布粗砂（见图 4-17）或粒径为 3～5 mm 石屑。

图 4-15　横向裂缝

图 4-16　灌　缝

图 4-17　撒布粗砂

注 意

裂缝宽度为 2～5 mm 时，可用乳化沥青灌缝；裂缝宽度大于 5 mm 时，可用改性沥青灌缝。

（2）纵向裂缝处治。

如图 4-18 所示，纵向裂缝的走向与行车方向基本一致，其宽度、长度不一。纵向裂缝处治方法同横向裂缝。

图 4-18　纵向裂缝

（3）网状裂缝处治。

如图 4-19 所示，网状裂缝纵横交错，是由一系列多边形小块组成的。

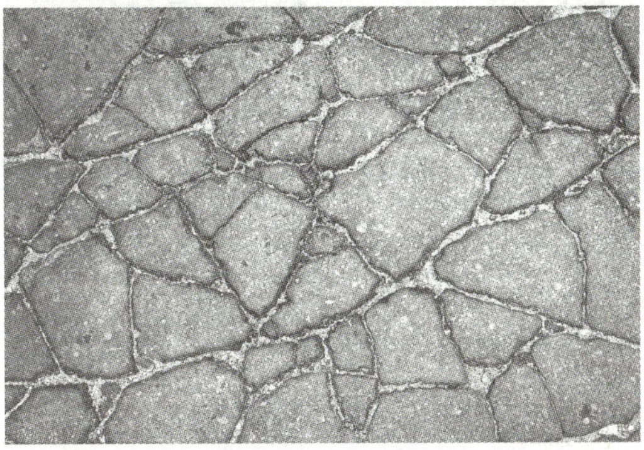

图 4-19　网状裂缝

对于网状裂缝，可采用玻璃纤维布罩面的方法进行处治，具体步骤如下。

① 将网状裂缝处的面层铲除，并清扫干净。

② 喷洒第一层沥青。

③ 在第一层沥青上面铺设玻璃纤维布。

④ 在铺好的玻璃纤维布上喷洒第二层沥青。

⑤ 第二层沥青喷洒完毕后，在其上撒布石屑，并用压路机碾压平整。

（4）坑槽处治。

如图 4-20 所示，坑槽是指因表层局部松散而形成的深度大于 2 cm 的凹槽。

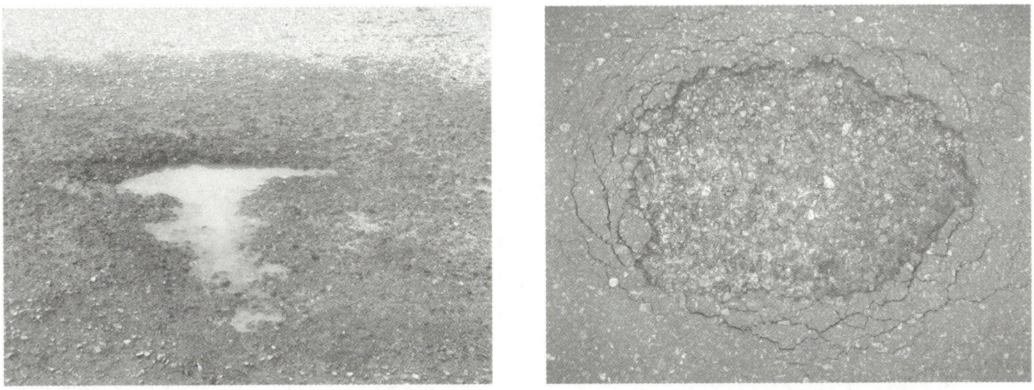

图 4-20　坑　槽

坑槽一般可通过以下步骤进行处治。

① 确定坑槽的处治范围（处治范围以坑槽外围边缘线为基准），然后用直尺和角尺在路面上画出坑槽的切割线，切割线应呈正方形或长方形，其一般与道路中线平行或垂直，如图 4-21 所示。

图 4-21　画出坑槽切割线

② 如图 4-22 所示，采用切割机沿坑槽的切割线进行切割，切缝应顺直，切割深度应根据病害程度而定，切口应垂直、整齐。

图 4-22　切割坑槽

③ 将切缝内的面层破碎、刨松，并清理干净，如图 4-23 所示。

④ 在槽壁和槽底均匀涂刷一层黏层沥青，如图 4-24 所示。

图 4-23　破碎、刨松、清理面层

图 4-24　涂刷黏层沥青

⑤ 将与原沥青面层材料相同的沥青混合料填入槽内，并摊铺平整，如图 4-25 所示。

图 4-25 摊铺沥青混合料

⑥ 用压实机具在摊铺好的沥青混合料上反复碾压，直至与原路面平齐，如图 4-26 所示。

图 4-26 碾压沥青混合料

**提 示**

如果基层遭到破坏，则应先修补基层，再修补面层。

（5）松散处治。

如图 4-27 所示，松散是指面层集料之间的黏结力丧失，路面表面可观察到成片悬浮的集料或小块粒料。

图 4-27 松 散

松散的处治方法一般为：将松散的面层清除，重新铺筑沥青面层，如果涉及基层，则应先对基层进行处理。

（6）车辙处治。

如图 4-28 所示，车辙是指路面在车辆荷载作用下形成的纵向带状凹槽，轮迹处会下陷，轮迹两侧可能会隆起。

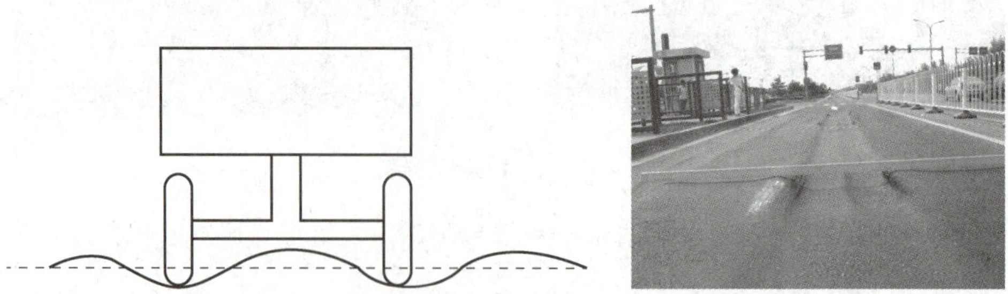

图 4-28　车　辙

车辙的处治方法主要有微表处填补法和铣刨加铺法。

- 微表处填补法：适用于车辙轻微的情况，它是采用具有“V”型摊铺槽的摊铺机将一种冷拌沥青混合料摊铺在车辙槽内进行修补的方法，如图 4-29 所示。

图 4-29　微表处填补法

- 铣刨加铺法：适用于车辙严重的情况，它是先将车辙部位的面层铣刨（见图 4-30），然后采用与原面层相同的材料重新摊铺的修补方法。

图 4-30　面层铣刨

**提　示**

如果车辙严重致使基层破坏，则应将基层刨除，重新铺筑，然后再摊铺面层。

（7）拥包处治。

如图 4-31 所示，拥包是指路面上出现的局部隆起。拥包容易发生在车辆经常启动、制动的地方，如停车站、交叉口等。

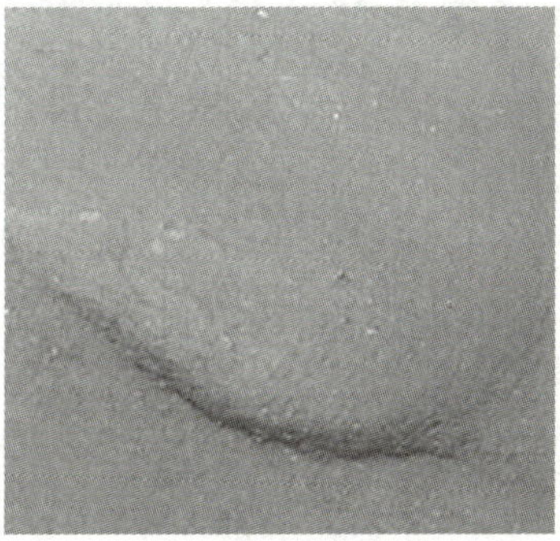

图 4-31　拥　包

拥包的处治方法一般为：采用机械或人工将拥包挖除，直至路面以下，待开挖表面干燥后，先喷洒黏层沥青，然后铺筑热稳定性符合要求的沥青混合料。

**注　意**

如果拥包是由于基层因强度不足或水稳定性不好而变得松软所造成的，则处治时应将面层和基层全部挖除，再重新铺筑基层和面层。

（8）搓板处治。

如图 4-32 所示，搓板是指路面上出现的连续纵向起伏，因形似洗衣搓板而得名。

图 4-32　搓　板

对于轻微搓板，可参考拥包的处治方法；对于严重搓板，可将面层全部铲除，然后喷洒黏层沥青，并重新铺筑沥青面层。

（9）泛油处治。

如图 4-33 所示，泛油是指面层沥青混合料中的沥青向上迁移，在表面形成一层有光泽的沥青膜。

图 4-33 泛 油

泛油的处治方法如下。

① 如果泛油轻微，则可撒布粒径为 3～5 mm 的石屑或粗砂来进行处治，撒布量以车轮不粘沥青为度。

② 如果泛油严重，则可先撒布粒径为 5～10 mm 的集料，经行车碾压稳定后，再撒布粒径为 3～5 mm 的石屑或粗砂嵌缝来进行处治。

**注 意**

泛油在气温较高时进行处治最为有效。

（10）翻浆处治。

如图 4-34 所示，翻浆是指路面出现弹簧、破裂、冒浆等现象。

图 4-34 翻 浆

翻浆的处治方法一般为：场地排水→场地清理→翻浆部位面层挖除→分层摊铺→洒水并碾压。

### 提　示

翻浆严重时，如果破坏了基层，则应将面层、基层都挖除，重新进行铺筑；如果破坏了路基，则应先加固路基，再铺筑基层、面层。

## 2. 养护工程

养护工程主要包括预防养护、修复养护、专项养护和应急养护。

### 1）预防养护

预防养护是指沥青路面整体性能良好但存在病害隐患或有轻微病害，为延缓路面性能过快衰减、延长路面使用寿命而预先采取的主动性养护工程。

预防养护时，应注意以下几点。

（1）应每年对符合条件的沥青路面实施一定里程或比例的预防养护。

（2）应根据公路等级、使用年限、路面技术状况、交通量大小及组成、气候条件等因素，合理确定沥青路面的预防养护时机。

（3）在预防养护时机确定的基础上，应设定预防养护目标，经过养护设计与方案比选，采取合适的预防养护措施。

（4）沥青路面预防养护措施可选用封层、超薄罩面、薄层罩面等，其铺筑厚度应小于 4 cm。

（5）沥青路面实施预防养护工程应满足下列要求。

① 封闭路面表面细小裂缝与缝隙，提高路面的防水性能。

② 防止路面表面松散，延缓沥青路面的老化。

③ 提供表面磨耗层，提高路面的耐磨性能。

④ 保持或提高路面的抗滑性能。

⑤ 改善沥青路面表观效果。

### 2）修复养护

修复养护是指沥青路面出现明显病害或部分丧失服务功能，为恢复路面技术状况而进行的功能性或结构性修复养护工程。

修复养护时，应注意以下几点。

（1）沥青路面修复养护工程应按年度养护计划实施。

（2）应根据公路等级、路面技术状况、交通量大小、预期寿命等因素，合理确定沥青路面修复养护目标。

（3）在修复养护目标确定的基础上，应根据沥青路面主导损坏类型、交通量大小及组成、气候与地质条件、施工可行性、技术经济性等因素，经过养护设计与方案比选，采取罩面、结构性补强等修复养护措施。

（4）沥青路面实施修复养护工程应满足下列要求。

① 有效处治原路面或下承层的各类病害，并对病害处治进行动态设计。

② 保证与原路面或下承层、新旧界面的黏结防水及其搭接平顺。

③ 工程实施后，路面技术状况各项指标接近或达到原路面设计标准。

3）专项养护

专项养护是指为恢复、保持或提升沥青路面服务功能而集中实施的路面改造、局部加宽、专项处治、灾后恢复等养护工程，具体内容参考《公路沥青路面养护技术规范》（JTG 5142—2019）。

4）应急养护

应急养护是指突发情况下造成沥青路面损毁、中断、产生重大安全隐患等，为较快恢复路面安全通行能力而实施的应急性抢通、保通和抢修养护工程。

应急养护时，应注意以下几点。

（1）遵循“快速反应、有效抢险、及时处治、保障安全”的原则，应制订沥青路面应急抢险预案，建立应急抢险工作机制，合理配备应急抢险队伍、设备、物资等。

（2）对影响通行安全的突发性沥青路面损毁，应启动应急预案，及时开展应急抢通、保通和抢修工作，安排灾后修复养护工程。

（3）实施沥青路面应急养护时，应设置交通安全设施，需中断交通的应合理采取分流措施。

### 4.2.2 水泥混凝土路面养护

水泥混凝土路面养护主要可分为日常养护、破损处理和路面改善。

#### 1. 日常养护

水泥混凝土路面的日常养护内容主要包括清扫保洁、接缝保养及填缝料更换、排水设施养护、冬季养护。

1）清扫保洁

清扫保洁时，应注意以下几点。

（1）水泥混凝土路面必须定期清扫泥土和污物；与其他不同类型路面平面连接处及平交道口应勤加清扫；路面上出现的小石块等坚硬物应予以清除；中央分隔带内

的杂物应定期清除；保持路容整洁。

（2）路面清扫频率应根据公路状况、交通量大小及其组成、环境条件等确定。

（3）路面清扫宜采用机械作业，机械清扫留下的死角，应用人工清除干净。

（4）路面清扫时，应尽量减少因清扫作业而产生的灰尘，以免污染环境、危及行车安全。

**提 示**

清扫作业宜避开交通量高峰时段进行。

（5）路面清扫后的垃圾应运至指定地点进行处理，不得随意倾倒。

（6）当路面被油类物质或化学药品污染时，应清洗干净，必要时用中和剂或其他材料处理后再用水冲洗。

（7）交通标志标牌、示警桩、轮廓标及防撞栏等交通安全设施应定期擦拭，交通标志及标线受到污染后应及时清扫（洗），保持整洁、醒目。

（8）应保持交通标志标牌、标线、示警桩、轮廓标的完整，发生局部脱落、破损时应用原材料进行修复或更换。

### 2）接缝保养及填缝料更换

接缝保养及填缝料更换时，应注意以下几点。

（1）应对接缝进行适时的保养，保持接缝完好、表面平顺，具体要点如下。

① 当填缝料凸出板面时，应予以铲平。

② 当填缝料外溢流淌到接缝两侧面板，影响路面平整度和路容时，应予清除。

③ 当杂物嵌入接缝时，应予清除。

（2）应对填缝料进行周期性或日常性的更换，具体要点如下。

① 填缝料的更换周期一般为 2～3 年。

② 当填缝料局部脱落时，应进行灌缝填补。

（3）填缝料的更换应做到饱满、密实、黏结牢固，清缝、灌缝宜使用专用机具，具体要点如下。

① 更换填缝料前，应将原填缝料及掉入缝槽内的砂石杂物清除干净，并保持缝槽干燥、清洁。

② 填缝料灌注深度宜为 3～4 cm。当缝深过大时，缝的下部可填 2.5～3.0 cm 高的多孔柔性垫底材料或泡沫塑料支撑条。

③ 在夏季施工时，填缝料的灌注高度宜与面板持平；在冬季施工时，填缝料的灌注

高度宜稍低于面板 2 mm。

④ 填缝料更换宜选在春秋两季。

### 3）排水设施养护

排水设施养护时，应注意以下几点。

（1）必须对路面、路肩、中央分隔带、边沟、边坡、挡土墙及所有排水构造物进行妥善的日常维护，保持系统的排水功能。

（2）应对路面排水设施进行经常性的巡查，如果发现损坏，则应及时安排修复；如果发现堵塞，则应立即疏通。

（3）雨天应重点检查超高路段的中央分隔带纵向排水沟、横向排水管、雨水井、集水井等的排水状况，当出现堵塞、积水时，应及时处理。

（4）当路面接缝、路肩接缝及路缘石与路面接缝变宽，以致渗水时，应进行填缝处理。

### 4）冬季养护

冬季养护时，应注意以下几点。

（1）冬季养护主要是除雪、除冰、防滑，重点作业路段是桥面、坡道、弯道、垭口及其他严重危害行车安全的路段。

（2）除雪、除冰、防滑要根据气象资料、沿线条件、降雪量、积雪深度、危害交通范围等确定作业计划，并做好机驾人员培训，以及机械设备、作业工具、防冻防滑材料的准备。

（3）除雪作业以清除新雪为主，一般应在冻融前，将积雪及时清除到路肩之外，以免雪水渗入路肩。

（4）可在路面上撒盐来除冰。

（5）可在路面上撒砂来防滑。

（6）禁止将含盐的积雪堆积在绿化带上。

## 2. 破损处理

破损处理主要是对水泥混凝土路面出现的病害进行维修。水泥混凝土路面常见的病害有裂缝、板角破损、脱空、唧泥、错台、拱起、坑洞、露骨等。

### 1）裂缝修补

裂缝有横向裂缝和竖向裂缝，其修补要点如下。

（1）对于宽度小于 3 mm 的轻微裂缝，可采取扩缝灌浆的处理方法，具体步骤如下。

① 如图 4-35 所示，将裂缝扩宽成 1.5～2.0 cm 的沟槽，槽深可根据裂缝深度确定，最

大深度不得大于 2/3 板厚。

图 4-35　扩宽裂缝

② 对沟槽进行清理，将所有松散、松动的杂物清除干净。

③ 根据选用的灌缝材料，按照规定进行配比，混合均匀后，灌入沟槽内。

④ 修补后进行养护，达到规定强度时，即可开放交通。

（2）对于宽度大于 3 mm、小于 15 mm 的中等裂缝，可采取条带罩面的处理方法，具体步骤如下。

① 在裂缝两侧进行切割，切割线应平行于裂缝，且与裂缝的距离宜为 15 cm；然后凿除两切割线内的水泥混凝土，深度以 7 cm 为宜，如图 4-36 所示。

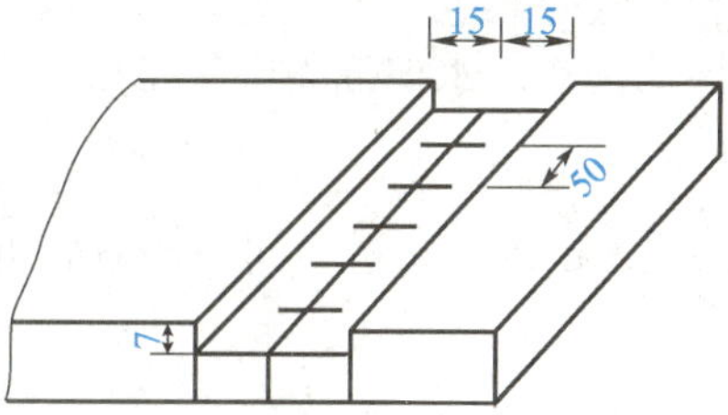


图 4 36　切缝并凿除水泥混凝土

② 在凹槽内，每间隔 50 cm 打一对钯钉孔，钯钉孔的大小应略大于钯钉直径 2～4 mm。

③ 在钯钉孔内填满砂浆，然后将钯钉插入孔内安装。

## 知识宝典

钯钉宜为 Φ16 螺纹钢筋，使用前应予以除锈。钯钉长度应不小于 20 cm，弯钩长度宜为 7 cm。

④ 在凹槽内浇筑水泥混凝土，如图 4-37 所示。

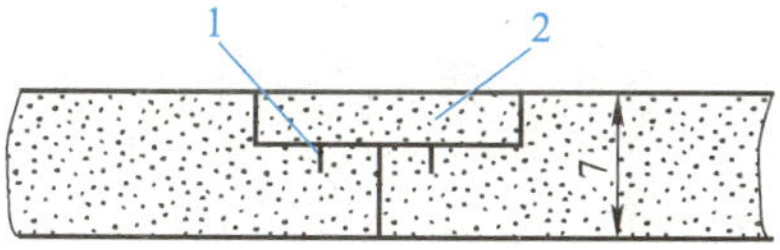


1—钯钉；2—新浇筑的水泥混凝土。

图 4-37　浇筑水泥混凝土

⑤ 将水泥混凝土抹平，然后喷洒养护剂进行养护。

（3）对于宽度大于 15 mm 的严重裂缝，可采用集料嵌锁法、刨挖法和设置传力杆法进行修补，下面主要介绍集料嵌锁法的步骤。

① 将有裂缝的面切除，切缝离裂缝的距离应不小于 30 cm。

② 在保留板块边部，沿内侧 4 cm 位置，切 5 cm 深的缝，如图 4-38 所示。

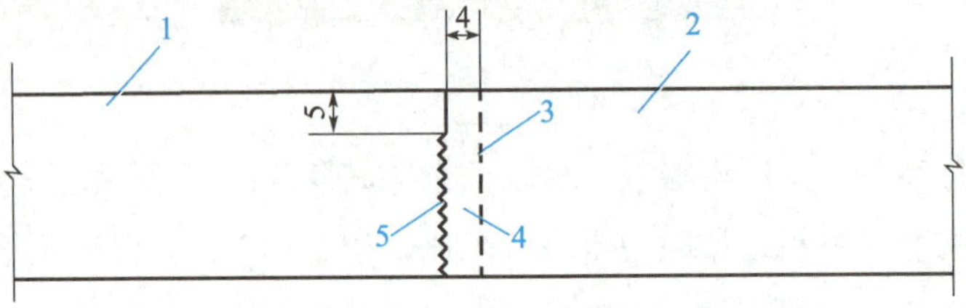


1—保留板块；2—全深度补块；3—全深度切缝；4—需凿除的水泥混凝土；5—缩缝交错接面。

图 4-38　切　缝

③ 凿除切缝间的水泥混凝土，并清除干净。全深切口和半深切口之间的 4 cm 宽条水泥混凝土垂直面应凿成毛面。

④ 检查基层是否符合规范要求，若不符合，则应进行处理。

⑤ 摊铺水泥混凝土，并振捣密实。水泥混凝土应在拌和后 30～40 min 内卸到补块区域内，并振捣密实。

⑥ 水泥混凝土浇筑完毕后 12 h 内，将板中间的各缩缝切到 1/4 板厚处，然后将接缝材料填入缩缝内。

⑦ 水泥混凝土达到规定强度后，即可开放交通。

### 2）板角破损修补

板角破损是指水泥混凝土路面板角处发生破损，如图 4-39 所示。

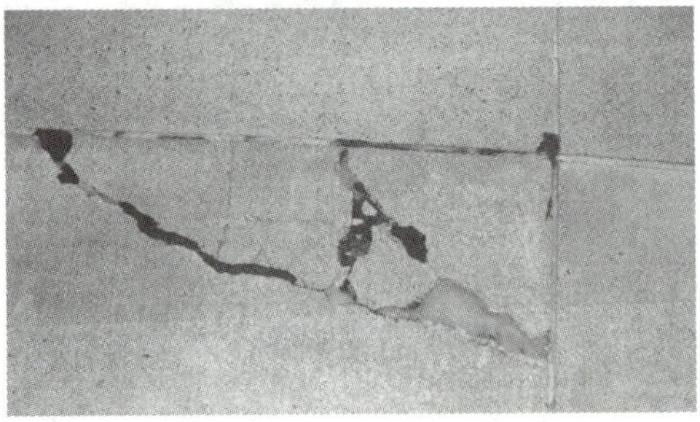

图 4-39　板角破损

板角破损的修补步骤大致如下。

（1）在破损边缘画线，确定修补范围，如图 4-40 所示。

（2）按照画线进行切割，如图 4-41 所示。

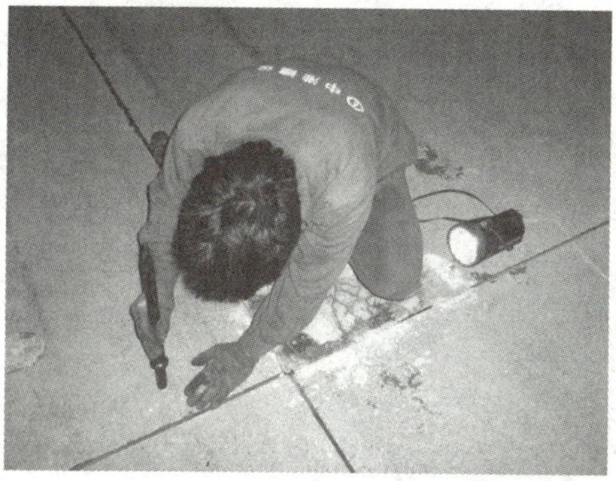

图 4-40　画　线

图 4-41　切　割

（3）凿除切割线内的水泥混凝土，应凿成规则的凹槽，如图 4-42 所示。

图 4-42　凿除水泥混凝土

（4）向凹槽内浇筑水泥混凝土，并抹平，如图 4-43 所示。

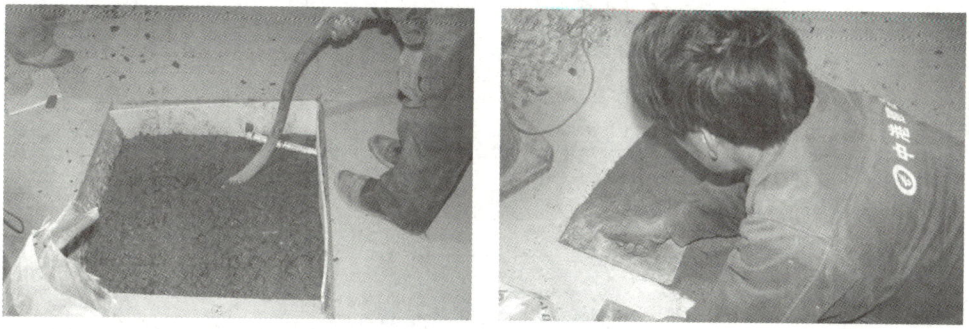

图 4-43　浇筑水泥混凝土并抹平

（5）待水泥混凝土达到强度后，即可开放交通。

3）脱空处治

脱空是指面板与基础之间产生空隙，导致水泥混凝土路面板块产生明显的翘起或下沉，如图 4-44 所示。

图 4-44 脱 空

## 经验传承

水泥混凝土路面板块脱空可采用弯沉仪、探地雷达等设备进行测定，如果弯沉值大于 0.2 mm，则可确定为面板脱空。

脱空可用沥青、水泥浆、水泥粉煤灰浆或水泥砂浆灌注等方法进行板下封堵，大致步骤如下。

（1）按照如图 4-45 所示的位置，在面板上钻孔，然后采用压缩空气将孔中的水泥混凝土碎屑、杂物等清除干净。

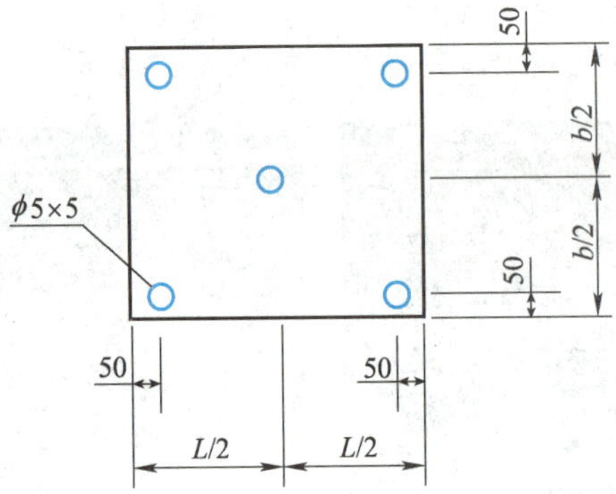


图 4-45 孔的布设位置

（2）通过相应设备向孔中灌注沥青、水泥浆、水泥粉煤灰浆或水泥砂浆等。

（3）养护达到规定强度时，即可开放交通。

### 4）唧泥处理

如图 4-46 所示，唧泥是指汽车行经接缝时，由缝内喷溅出稀泥浆的现象，其处理方法同脱空处治。

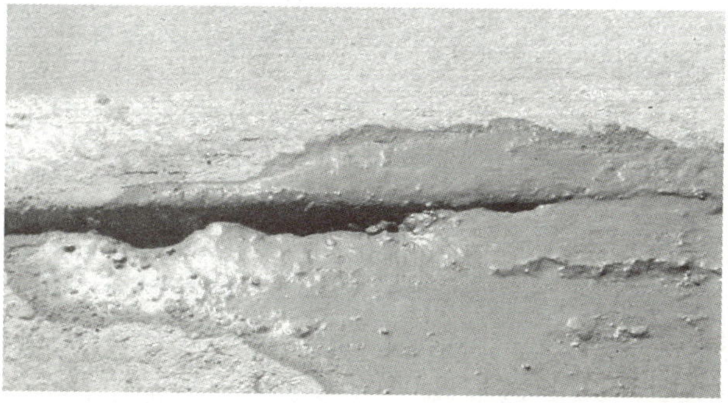

图 4-46　唧　泥

5）错台处治

如图 4-47 所示，错台是指水泥混凝土路面接缝或裂缝处的两边面板存在台阶，车辆通过时易发生跳车，影响行车舒适性和安全性。

图 4-47　错　台

错台的处治方法通常有磨平法和填补法两种，可根据错台的轻重程度进行选择。

（1）高差不大于 10 mm 的错台，可采用磨平机磨平（见图 4-48）或人工凿平。

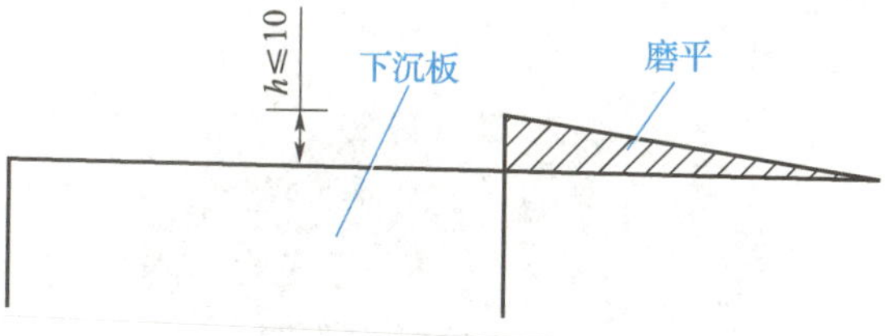


图 4-48　磨平示意图

（2）高差大于 10 mm 的错台，可采用沥青砂填补或水泥混凝土修补。

① 沥青砂填补的步骤大致如下。

a．清除路面杂物和灰尘。

b．喷洒一层黏层沥青。

c．摊铺沥青砂。

d．用轮胎压路机碾压。

e．待沥青砂修补层冷却成形后，开放交通。

② 水泥混凝土修补的步骤大致如下。

a．用风镐将错台下沉板凿除 2～3 cm 深。

b．清除凿除面杂物灰尘。

c．浇筑水泥混凝土。

d．喷洒养护剂进行养护。

e．水泥混凝土达到规定强度后，即可开放交通。

### 6）拱起处理

拱起是指水泥混凝土路面在接缝处向上隆起，如图 4-49 所示。拱起严重时，水泥混凝土路面会发生破裂。

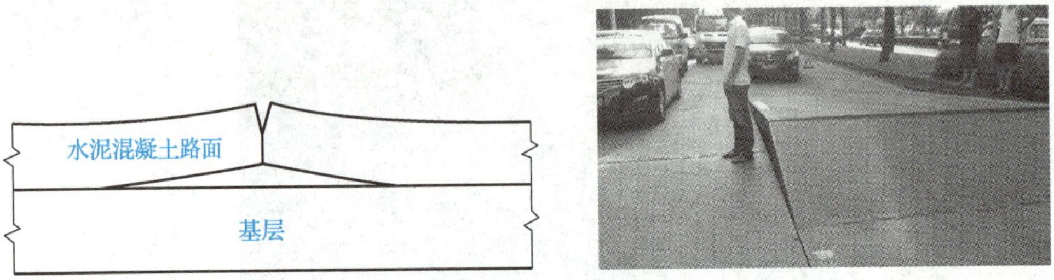


图 4-49　拱　起

拱起处理的方法一般为：将拱起部分切除，然后重新铺设与原路面材料相同的水泥混凝土。

### 7）坑洞修补

坑洞是指水泥混凝土路面的粗细集料脱落，形成局部凹坑，如图 4-50 所示。

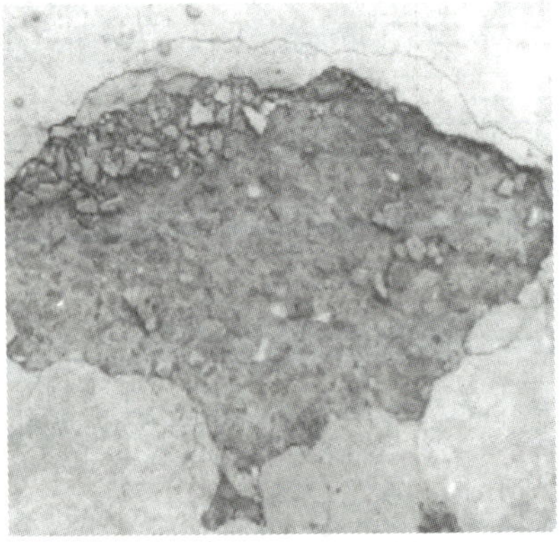

图 4-50　坑　洞

坑洞修补应根据不同情况采取相应的措施，具体如下。

（1）对于个别坑洞，应清除洞内杂物，用水泥砂浆等材料填充。

（2）对于较多坑洞且连成一片的，可通过以下步骤来进行修补。

① 画出修补范围，修补范围的形状通常为矩形。

② 用切割机沿着画好的线进行切槽。

③ 凿毛槽内水泥混凝土，并进行清理。

④ 将修补料填入槽内，并摊铺平整、振捣密实。

⑤ 进行养护，强度达到规定要求时，方可开放交通。

### 8）露骨处理

如图 4-51 所示，露骨是指水泥混凝土路面的水泥砂浆磨损或剥落后，裸露出石子的现象。

图 4-51　露　骨

露骨一般可通过以下步骤进行处理。

（1）凿除路面松动部分，并进行清理，如图 4-52 所示。

（2）用高压水枪将路面冲刷干净，如图 4-53 所示。

图 4-52　凿除松动部分并清理

图 4-53　冲刷路面

（3）将普通稀浆摊铺在路面上，然后用刮尺刮平并收光，如图 4-54 所示。

（4）普通稀浆成形后，即可开放交通，如图 4-55 所示。

图 4-54　普通稀浆摊铺并刮平收光

图 4-55　开放交通

### 3. 路面改善

水泥混凝土路面经过一段时间的使用后，一些性能会下降，承载能力也会降低，从而不能满足原设计的要求。这时，应采取一定的措施进行改善，最常用的方法就是在原路面上进行加铺，加铺材料宜为水泥混凝土和沥青混凝土。

#### 1）水泥混凝土加铺层施工

水泥混凝土加铺层的施工内容主要包括以下几个方面。

（1）病害修补。

如果原水泥混凝土路面有病害，则应先进行修补。

（2）隔离层施工。

病害处理后，应在原水泥混凝土路面上铺筑一层隔离层，隔离层可为沥青混凝土隔离层、土工布隔离层或沥青油毡隔离层等。

① 沥青混凝土隔离层施工。

沥青混凝土隔离层施工同项目 2 中介绍的沥青混凝土面层施工，但需要注意以下几点。

a．沥青混凝土厚度宜为 1.5～2.5 cm。

b．摊铺宽度应超过加铺层边缘 25 cm，严禁出现空白区。

c．碾压机械宜为轮胎压路机。

② 土工布隔离层施工。

a．在水泥混凝土路面上满铺土工布，土工布纵横向搭接宽度为 2 cm。

b．在土工布搭接部位涂刷热沥青。

③ 沥青油毡隔离层施工。

a．在水泥混凝土路面上满铺沥青油毡，沥青油毡纵横向搭接宽度为 20 cm。

b．在沥青油毡搭接部位涂刷热沥青。

（3）水泥混凝土加铺层施工。

水泥混凝土加铺层施工同项目 2 中介绍的水泥混凝土面层施工，但应注意加铺层厚度不小于 18 cm。

### 2）沥青混凝土加铺层施工

沥青混凝土加铺层的施工内容主要包括以下几个方面。

（1）病害修补。

如果原水泥混凝土路面有病害，则应先进行修补处理，使其基本平整、表面洁净、结构稳定。

（2）反射裂缝防治。

在水泥混凝土路面上直接加铺沥青混凝土进行补强时，由于这两种材料性质差异较大，尤其热胀冷缩性质差异较大，当水泥混凝土路面位移产生的拉应力超过沥青混凝土加铺层的抗拉强度时，加铺层就会开裂，这种裂缝称为反射裂缝。为了避免反射裂缝产生，必须采取一定的措施。

反射裂缝的防治措施通常有铺设土工格栅、铺设沥青油毡、铺设土工布、切缝填封橡胶沥青或加做基层等。

① 铺设土工格栅施工。

a．在原水泥混凝土路面上喷洒一层黏层沥青。

b．用沥青砂调平原水泥混凝土路面。

c．铺设土工格栅，并将其压入沥青砂中。

d．将土工格栅端部进行固定。

② 铺设沥青油毡施工。

a．将沥青油毡切割成 50 cm 宽的长条带。

b．用压缩空气将路面杂物吹干净。

c．将沥青油毡铺在接缝处，缝的两侧各 25 cm 宽沥青油毡。

d．用汽油喷灯烘烤沥青油毡。

e．当沥青油毡处于熔融状态时，进行压实。

f．将沥青砂覆盖在沥青油毡表面。

③ 铺设土工布施工。

a．在原水泥混凝土路面上喷洒一层黏层沥青。

b．在一端固定土工布，然后将土工布拉紧、铺平、粘贴。

④ 切缝填封橡胶沥青施工。

切缝填封橡胶沥青是指在原水泥混凝土路面上加铺沥青混凝土后，再在沥青混凝土上对应水泥混凝土横向接缝处进行切缝，并灌入合格的接缝材料，施工步骤大致如下。

a．铺设沥青混凝土层。

b．按照原水泥混凝土路面平面图，确定水泥混凝土面板的横向接缝位置。

c．在沥青混凝土上进行切缝，切割深度为 1.5 cm、宽度为 0.5 cm。

d．用压缩空气将切缝清理干净，并保持干燥。

e．灌填橡胶沥青。

⑤ 加做基层施工。

同项目 2 中介绍的基层施工。

（3）沥青混凝土加铺层施工。

沥青混凝土加铺层施工同项目 2 中介绍的沥青混凝土面层施工。

## 任务实施

判断下列各图属于路面的哪种病害，将答案填入横线中，并简单介绍其处理方法。

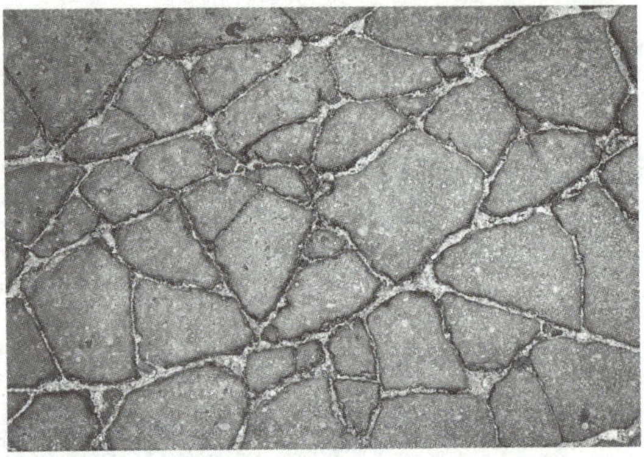

________________

________________

________________

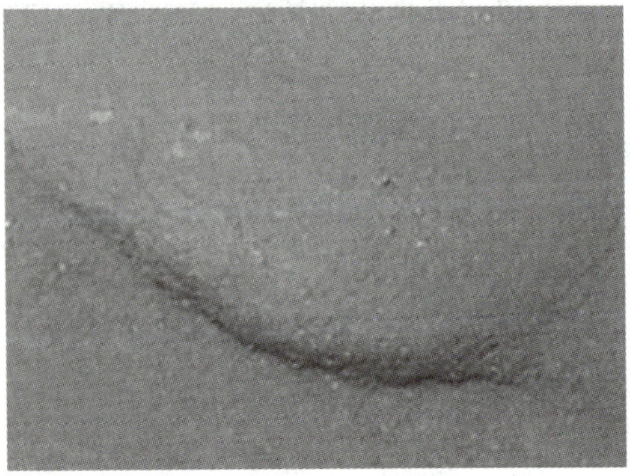

________________

# 任务 4.3　道路附属工程养护

## 任务引入

2019 年以来，日照园林绿化集团承担了市区人行道的养护工作，他们更换道板，改造侧石，力求通过一系列道路“微整形”，让城市旧貌换新颜，让市民出行更安心。

想一想：人行道是如何进行养护？

## 相关知识

### 4.3.1　路缘石养护

#### 1. 路缘石的日常保养

路缘石的日常保养内容主要包括以下两个方面。

（1）清理路缘石，以确保其干净。

（2）检查路缘石，当发现其出现挤压变形、拱胀变形、歪斜等时，应予以调整；当发现其破损时，应进行更换。

#### 2. 路缘石的更换

路缘石的更换步骤大致如下。

1）拆除路缘石

用空压机及风镐将损坏的路缘石拆除，如图 4-56 所示。

图 4-56　拆除路缘石

2）基础处理

拆除路缘石后，若基础有松动，则应将松动部分挖除，并用水泥混凝土填补、找平。

3）挂线、安装

基础处理后，沿路缘石外侧挂线，并使线与路缘石顶面标高一致，然后铺筑水泥砂浆，安装路缘石，如图 4-57 所示。

图 4-57　挂线、安装

4）回填、勾缝

路缘石安装完毕后，其外侧用土回填夯实，然后对路缘石进行勾缝。

### 4.3.2　检查井、雨水口养护

#### 1. 检查井、雨水口的日常保养

检查井、雨水口的日常保养内容主要包括以下几个方面。

（1）定期对检查井、雨水口进行清淤工作。

（2）检查路面上的检查井盖、雨水口安装是否牢固，如果发现松动，或者发现井座、井盖、井篦断裂或丢失，则应立即进行修补或补装。

（3）检查井、雨水口应与路面平顺衔接，如果发现凸起或沉陷，则应进行处理。

### 2. 检查井、雨水口的凸起或沉陷处理

处理检查井、雨水口的凸起或沉陷时，应注意以下几点。

（1）当井筒腐蚀、损坏或井墙坍塌时，应拆除至完好界面，重新砌筑。

（2）整平、调整井口高度时不得使用碎砖、卵石或土块支垫。

（3）维修后的检查井、雨水口在养护期间，应设置围挡加以保护。

## 4.3.3　人行道养护

### 1. 人行道的日常保养

人行道的日常保养内容主要包括以下几个方面。

（1）及时清除人行道上的尘土及杂物。

（2）确保人行道两侧建筑物的管道排水不会漫流于地面。

（3）禁止机动车在人行道上行驶或停放。防止机动车驶入人行道的措施如下。

① 在人行道上安装防护栏（见图 4-58）或布置绿化带（见图 4-59），并在进出口安装反光立杆。

图 4-58　安装防护栏

图 4-59　布置绿化带

② 提高侧石及整个人行道的高度，一般以 22～30 cm 为宜，如图 4-60 所示。

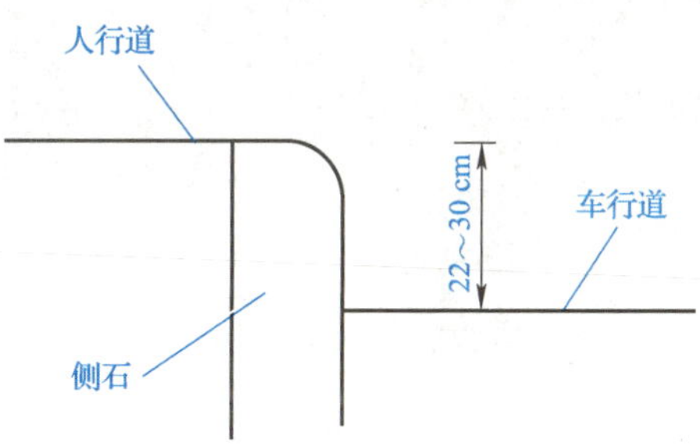


图 4-60　侧石及人行道高度

（4）保持人行道铺装块体的稳定，当发现松动时，应及时补充嵌缝材料，充填稳固。

如果块体松动是因垫层不平而引起的，则应重新铺砌。

（5）保养好人行道的伸缩缝和施工缝及人行道与检查井口的接缝，如果发现损坏，则应及时修补。

（6）对于路缘石的接缝，应定期清缝及勾缝。

（7）对于歪斜或损坏的路缘石，应及时调整或更换。

（8）如果因树根挤坏人行道及侧石而影响行走和排水，则应与园林部门联系解决。

### 2. 人行道的修补

如果人行道采用沥青混凝土面层或水泥混凝土面层，其修补参考本项目任务 4.2 的内容。如果人行道采用水泥砖或料石面层，当面层发生破损时，应将水泥砖或料石取出，重新进行铺筑。下面以水泥砖为例，介绍具体的修补过程。

（1）施工前拍照，如图 4-61 所示。

图 4-61　人行道现状

（2）画出修补范围，修补范围宜大于损坏部位一整砖。

（3）确定修补范围后，清理基底（如清除碎块、浮土、杂物和砂浆等），如图 4-62 所示；然后挖除基层的松散材料。

图 4-62　清理基底

（4）挖除基层的松散材料后，若基层有坑槽，则应对坑槽进行填补。面积较大时，可采用二灰粒料填补；面积较小时，可采用低标号混凝土填补。

（5）基层处理后，进行挂线，以控制砌筑方向和高度。

（6）铺筑水泥砂浆。面积较大时，采用干硬性水泥砂浆，干硬程度以“手捏成团，落地即散”为宜。面积较小时，采用湿拌水泥砂浆。

（7）水泥砂浆铺筑后，砌筑水泥砖，如图 4-63 所示。

图 4-63　砌筑水泥砖

## 知识宝典

在砌筑水泥砖的过程中，应随时用水平尺校验平整度，校验方向应按横向、纵向及 45°方向进行，当发现不平整之处时，应及时调整，如图 4-64 所示。

图 4-64　校验平整度

（8）水泥砖砌筑完毕、经检查合格后，进行灌缝。

## 任务实施

（1）将全班学生分成若干组，每组 4～5 人，并选出小组负责人。

（2）在取得同意的前提下，小组负责人带领组员进入现实生活中的人行道养护队，观摩养护人员一天的工作。

（3）观摩完成后，将观摩内容和感想制作成 PPT 文件，每组派一名代表在课堂上进行 5 min 左右的汇报。

（4）老师按表 4-2 给各小组进行打分。

表 4-2　活动评价表

| 评分标准 | 满分 | 实际得分 | 备注 |
|---|---|---|---|
| 积极参与活动 | 20 | | |
| PPT 内容扣题 | 40 | | |
| 汇报流畅 | 20 | | |
| 其他 | 20 | | |
| 总分 | 100 | | |

## 素质讲堂

### 公路养护基层的多面手

郑丙活是江门市新会公路局养护中心的副主任。自 1992 年从广东省公路工程技工学校毕业进入新会公路局工作，已扎根基层近三十年。在基层这些年，任体制改革、岗位变动，他始终牢记全心全意为人民服务的宗旨，一心扑在公路事业上，一步一个脚印，坚持为公路事业无悔地奉献自己的青春和汗水。

多年来，郑丙活坚持理论与实践相结合，先后参与过国省道改造工程、高速公路新建工程、公路工程试验检测等工作，在多年的基层公路建养工作中，他坚持不断学习，使所学的公路专业理论知识有效地转化为公路建养业务能力，成为新会公路养护队伍中公认的“技术骨干”。

在 202 公路管理所担任技术员期间，他与同事一起下工地、查路况、排险情、搞调研。当时的公路道班普遍采用乳化沥青进行修补和灌缝，虽然工序简单，但是热天容易产生油包，雨天更容易发生松散、脱落，从而导致路面重复修补，增加养护成本。郑丙活凭借先进的专业知识，建议并牵头改用热沥青和冷补改性沥青，并严格统一规范了操作规程。实践证明，使用热沥青和改性沥青后，同一路面的沥青修补周期明显延长，耐久性明显提高，从而解决了路面重复修补和成本高的问题。

抢险工作是养路人最艰辛、最重要的任务。养护中心管养的路线都属于沿海公路，每年都会遭遇几回强劲台风的袭击。在一次次狂风暴雨的白天、黑夜，一个清瘦笔直的身影总会出现在公路最危险的地方。2017 年 8 月 23 日，超强台风“天鸽”挟 14 级风力气势汹汹直扑新会，一时间，银洲湾暴雨倾盆，狂风肆虐。放眼望去，公路满目疮痍、一片狼藉，多处道路交通中断，灾毁史无前例。灾情就是命令，郑丙活一方面组织抢险工作，一方面亲自动手，与养护工人们一起，徒手搬开路面上的树木，手磨出泡了、肩膀拉得酸痛了，松一松，又继续干，为抢通公路与时间赛跑、争分夺秒。

2018 年 8 月 29 日 22 时，受连日来的强降雨天气影响，崖门镇猫山路段发生多处山体塌方，造成交通中断。郑丙活第一时间组织抢险人员赶往塌方地段，开展紧急清理抢修。他既当指挥员，又当战斗员，借着车辆灯光，冒着风雨，不顾白天疲劳，疏导交通，清理塌方，经过 15 小时的奋战，终于恢复了交通。这个风雨中坚定挺拔的身影就如黑夜明灯，给人民温暖和安心，是公路畅顺的守护神。

（资料来源：
http://www.jiangmen.gov.cn/jmglj/gkmlpt/content/1/1932/mpost_1932497.html#554，有改动）

## 复习思考题

### 1. 选择题

（1）________是指在土路肩上撒布粒料（如砾石、风化石、炉渣、碎砖等）并进行碾压，来进行加固。

A. 水泥混凝土加固　　B. 人工石

C. 粒料加固　　D. 抹面加固

（2）________是指在原挡土墙外侧加宽基础、加厚墙身来进行加固。

A. 锚固法

B. 套墙加固法

C. 增建支撑墙加固法

D. 加筋土挡土墙加固法

（3）________是指表层局部松散，形成深度大于 2 cm 的凹槽。

A. 搓板　　B. 松散

C. 坑槽　　D. 横向裂缝

（4）________是指路面在车辆荷载作用下形成的纵向带状凹槽，轮迹处会下陷，轮迹两侧可能会隆起。

A．车辙　　B．松散

C．坑槽　　D．翻浆

（5）________是指面层沥青混合料中的沥青向上迁移，在表面形成一层有光泽的沥青膜。

A．拥包　　B．翻浆

C．松散　　D．泛油

（6）______是指沥青路面出现明显病害或部分丧失服务功能，为恢复路面技术状况而进行的功能性或结构性修复养护工程。

A．预防养护　　B．修复养护

C．专项养护　　D．应急养护

（7）______是指为恢复、保持或提升沥青路面服务功能而集中实施的路面改造、局部加宽、专项处治、灾后恢复等养护工程。

A．预防养护　　B．修复养护

C．专项养护　　D．应急养护

（8）______是指汽车行经接缝时，由缝内喷溅出稀泥浆的现象。

A．唧泥　　B．错台

C．拱起　　D．露骨

（9）______是指水泥混凝土路面接缝或裂缝处的两边面板存在台阶，车辆通过时易发生跳车，影响行车舒适性和安全性。

A．唧泥　　B．错台

C．拱起　　D．露骨

（10）_______是指水泥混凝土路面的水泥砂浆磨损或剥落后，裸露出石子的现象。

A．唧泥　　B．错台

C．拱起　　D．露骨

### 2. 填空题

（1）土路肩的加固方法通常有____________、____________、____________等。

（2）路基沉陷是指路基在垂直方向产生较大的沉落，其一般包括____________和____________两种情况。

（3）沥青路面的日常养护包括日常巡查、____________和____________。

（4）沥青路面的养护工程主要包括____________、修复养护、____________和应急养护。

（5）反射裂缝的防治措施通常有铺设土工格栅、______________、____________、切缝填封橡胶沥青或加做基层等。

### 3. 简答题

（1）简述路基翻浆的治理措施。

（2）简述沥青路面的日常保养内容。

（3）简述如何处理水泥混凝土路面的露骨病害。

（4）简述人行道的修补过程。

# 参 考 文 献

[1] 李继业，刘延忠，高勇. 道路工程施工实用技术手册 [M]. 2 版. 北京：化学工业出版社，2018.

[2] 王美宽. 路基路面施工技术 [M]. 北京：人民交通出版社股份有限公司，2019.

[3] 张雪丽. 市政道路工程施工 [M]. 北京：北京大学出版社，2016.

[4] 王景峰. 路基路面施工与养护技术 [M]. 北京：人民交通出版社，2005.